D.O.C. MARKETING

DESEJOS OCULTOS do CONSUMIDOR

Tipos Psicológicos

Um passo além do neuromarketing

Uma estratégia disruptiva de análise

para resultados mais eficazes

Rogerio Adriani

Copyright © 2024 Rogerio Adriani Silva
Todos os direitos reservados.

Dedicatória

Em honra a meus ancestrais que, por meio de sua luta pela vida, impregnaram meu DNA com uma curiosidade infinita e um desejo de busca por novas possibilidades e auto superação.

Aos mestres que tenho encontrado em meu caminho de crescimento, em especial à professora Luciana Mourão, sem a qual a ideia de desenvolver este conhecimento não teria deixado de ser uma pequena semente para se tornar esta bela contribuição ao universo do marketing.

Finalmente, a alguns anjos em corpos físicos, em especial à Beatriz, minha querida afilhada, que trouxe leveza e beleza a minha vida, contribuindo para eu entender que, no fundo, é o coração e o amor que nos apontam sempre o melhor caminho!

Índice

PREFÁCIO 8
    O que torna este livro diferente? 8
    Porque "um passo além do neuromarketing"? 11
    Por que ler este livro? 14
INTRODUÇÃO 17
MAIS CONSCIÊNCIA E A IMPRECISÃO DO SUCESSO 21
ATINGINDO O PONTO "G" 26
OUTRAS ABORDAGENS PSICOLÓGICAS 27
EIS QUE JUNG VEM ME DAR À LUZ 30
O PROBLEMA E SUA IMPORTÂNCIA 34
CONHECENDO MELHOR COM QUEM ESTAMOS LIDANDO 37
    Os Fascinantes Universos Particulares Pessoais! 37
DE ONDE VÊM OS DESEJOS E NECESSIDADES? 43
QUE COMECEM OS JOGOS! 55
PARTE 1 63
A Psicologia no Marketing 63
DESENVOLVIMENTO DE PRODUTOS 64
    Sucesso ou Fracasso 69
COMPORTAMENTO DO CONSUMIDOR 85
    Personalidade e autoconceito 95
    Teorias da motivação humana (Freud, Maslow, Herzberg) 96
    Percepção 98
    Dissonância Cognitiva 100
SEGMENTAÇÃO DE MERCADO 103
    Big Data 111
NEUROMARKETING 116
PARTE 2 133

O Marketing na Psicologia..133
A PSICOLOGIA JUNGUIANA..137
   Conceitos de Jung..141

   Consciência...142

   Ego..143

   Inconsciente Pessoal..144

   Inconsciente Coletivo..145

   Arquétipos..146

   Individuação..148

OS TIPOS PSICOLÓGICOS E AS FUNÇÕES PSÍQUICAS........151
   O tipo Introvertido e o tipo Extrovertido...............................153

   Nosso tipo enquanto avaliadores e a compensação consciente..155

COMPENETRAÇÃO E ABSTRAÇÃO...159
O TIPO EXTROVERTIDO..162
   Interesse e Atenção do Tipo Extrovertido.............................163

OS TIPOS RACIONAIS EXTROVERTIDOS...............................168
PENSAMENTO E SENTIMENTO..168
TIPO PENSAMENTO EXTROVERTIDO.....................................171
   O Pensamento...171

TIPO SENTIMENTO EXTROVERTIDO......................................177
   O Sentimento..177

   Sentimento Extrovertido..178

OS TIPOS IRRACIONAIS EXTROVERTIDOS..........................182
SENSAÇÃO E INTUIÇÃO..182
TIPO SENSAÇÃO EXTROVERTIDA...184
   A Sensação..184

   Sensação Extrovertida..184

TIPO INTUIÇÃO EXTROVERTIDA...190

A Intuição..........190

Intuição Extrovertida..........191

TIPO INTROVERTIDO..........198
TIPOS RACIONAIS INTROVERTIDOS..........209
PENSAMENTO E SENTIMENTO..........209
TIPO PENSAMENTO INTROVERTIDO..........214
    O Pensamento..........214

    Pensamento Introvertido..........215

TIPO SENTIMENTO INTROVERTIDO..........222
    O Sentimento..........222

    Sentimento Introvertido..........223

TIPOS IRRACIONAIS INTROVERTIDOS..........227
SENSAÇÃO E INTUIÇÃO..........227
SENSAÇÃO INTROVERTIDA..........231
    A Sensação..........231

    Sensação Introvertida..........232

INTUIÇÃO INTROVERTIDA..........238
    A Intuição..........239

    Intuição Introvertida..........240

    Oposição entre Tipos..........246

RESUMO GERAL DOS TIPOS..........248
    EXTROVERTIDO..........250

    EXTROVERTIDO – RACIONAIS (Pensamento e Sentimento) 251

    EXTROVERTIDO – RACIONAIS – PENSAMENTO..........251

    EXTROVERTIDO – RACIONAIS – SENTIMENTO..........253

    EXTROVERTIDO – IRRACIONAIS (Sensação e Intuição)....254

EXTROVERTIDO – IRRACIONAIS – SENSAÇÃO..............254
EXTROVERTIDO – IRRACIONAIS – INTUIÇÃO...............256
INTROVERTIDO..258
INTROVERTIDO – RACIONAIS (Pensamento e Sentimento)
....259
INTROVERTIDO – RACIONAIS – PENSAMENTO..............260
INTROVERTIDO – RACIONAIS – SENTIMENTO...............261
INTROVERTIDO – IRRACIONAIS (Sensação e Intuição).....263
INTROVERTIDO – IRRACIONAIS – SENSAÇÃO...............264
INTROVERTIDO – IRRACIONAIS – INTUIÇÃO................265
OS TIPOS PSICOLÓGICOS E SUA INFLUÊNCIA NA PERCEPÇÃO DE FATORES DE ATRAÇÃO 268
   Para Aprofundar Estratégias de Abordagem....................279
   Considerações..279
MAS AFINAL COMO IDENIFICAR OS TIPOS PSICOLÓGICOS?
....282
COMO ESTÃO DISTRIBUÍDOS NA POPULAÇÃO? 282
   Convertendo os Tipos MBTI nos Tipos de Jung.....................290
   Porcentagem dos Tipos Psicológicos nas Populações...............294
CONCLUSÃO...299
SOBRE O AUTOR..302
BIBLIOGRAFIA 304

PREFÁCIO

O que torna este livro diferente?

Em todo processo de desenvolvimento, pode-se observar que primeiramente ocorre uma grande expansão horizontal, devido à exploração de todas as possibilidades existentes nos primeiros níveis de conhecimento, qualquer que seja ele. O conhecimento vai se especializando, técnicas são desenvolvidas com base nos princípios que regem o nível até então explorado, como se nada mais existisse além. Tais técnicas e procedimentos vão se solidificando com o tempo e se tornando a norma para se lidar com o domínio de conhecimento em questão. Até que, repentinamente algum novo conhecimento ou nova abordagem sobre tal assunto emerge de um nível ainda desconhecido, ou apenas inexplorado, possibilitando uma visão mais aprofundada e abrangente, ou mais precisa e certeira, a respeito do que antes se considerava ser tudo o que havia. Nesse momento, rompe-se um véu e pode-se então criar uma evolução vertical, mais aprofundada, na exploração do conhecimento. Como se pode observar na história, tais novos aprimoramentos podem mudar paradigmas e abrir novas possibilidades de desenvolvimento e evolução. Talvez um dos casos antigos mais famosos tenha sido a descoberta da roda, essa forma tão mágica, por meio da qual a vida se tornou muito mais fácil naquela época e a partir da qual, infinitas possibilidades de invenções se tornaram possíveis até hoje. Porém, um exemplo que acho pertinente citar foi a descoberta de que o fogo, um fenômeno natural, não era um tipo de deus que descia à terra ao seu bel-prazer para dominar e afrontar o ser humano. Neste caso, a evolução irrompeu-se por meio do reconhecimento da existência de um fenômeno natural que poderia ser dominado, provocado e controlado para uso em benefício próprio. Saltando um pouco para a história mais recente, podemos nos lembrar da introdução da "Lei da Atração" em nossas vidas. A apresentação dessa lei para o mundo mudou a forma de ver o mundo de muitas pessoas. Após isso, muitos livros, cursos e novos gurus surgiram para explorar e aprofundar este novo princípio. Temos outros exemplos na medicina, onde de tempos em tempos surgem novos conhecimentos sobre como funciona o corpo humano, alterando a forma como a área da saúde lida com problemas já conhecidos. O mundo dos esportes é outro bom exemplo, onde uma pequena mudança de paradigma pode mudar todo o rumo de uma categoria de competição.

Identificado este fato histórico, devo dizer que não sei absolutamente se esse é o caso da abordagem que o presente livro apresenta sobre comportamento do consumidor. Porém, por ser uma abordagem nova, com base em princípios de análise do ser humano muito pouco considerada e utilizada com o objetivo de avaliar e tentar prever comportamento de consumo, creio que este livro pode contribuir de forma real para o aprofundamento da forma como analisamos e classificamos nossos públicos-alvo. Quando consideramos uma visão mais ampliada, podemos perceber que o ser humano é extremamente complexo e holístico. Uma pequena interferência em uma área pode desencadear uma série de reações em várias outras áreas, incluindo seu comportamento externo. A palavra "somatização" é bem conhecida hoje em dia, descrevendo o processo onde uma consequência física, quer seja na saúde ou no comportamento compulsivo, é desenvolvida em um indivíduo decorrente de alguma desordem em seu nível emocional. Por isso, considerar novas formas e níveis de observar e avaliar o ser humano em seus níveis psicológicos e emocionais sempre será válido nesse processo infinito de aprendizado. O caminho aqui é buscar desvendar as necessidades e desejos mais profundos do ser humano como indivíduo, em um nível de profundidade que é geralmente inconsciente para o próprio indivíduo, sob uma nova ótica organizada e categorizada, baseada em uma abordagem psicológica diferente. Em seguida fundir esse novo conhecimento aos princípios de marketing já conhecidos. Ao fazer isso, será possível observar como tais princípios começam a se remodelar em formas mais precisas e aderentes às necessidades e desejos que sempre estiveram lá, porém ocultos e inacessíveis até então. Talvez isso possa realmente ser uma mudança de nível nas práticas de estudos do comportamento de consumidores. Sinceramente espero que possa contribuir para esse fantástico domínio de conhecimento.

Porque "um passo além do neuromarketing"?

Não há dúvida quanto a contribuição e efetividade dos experimentos aprofundados e especializados do neuromarketing para os estudos na disciplina do marketing. Em linhas gerais, além de todo o conhecimento científico que obtém da neurociência a respeito do funcionamento do cérebro humano, as pesquisas e experimentos de neuromarketing consistem na aplicação de estímulos específicos e direcionados à amostra a ser analisada, detectando e aferindo, por meio de equipamentos especializados não menos específicos, reações neurais que porventura são desencadeadas por tais estímulos. De acordo com o conhecimento do funcionamento cerebral existente, é possível identificar o que está realmente acontecendo na experiência subconsciente dos indivíduos antes deles mesmos tomarem consciência disso, um pouco abaixo dos níveis conscientes da percepção humana, onde dogmas, preconceitos e racionalizações não podem atuar. Isso permite aos pesquisadores a coleta de informações mais puras e corretas. Outro tipo de avaliação feita pela neurociência é a identificação de "falhas estruturais" no mecanismo da percepção humana, onde são exploradas características do funcionamento de nossos sistemas perceptivos que podem nos informar uma realidade um pouco diferente do que o mundo real nos apresenta naquele momento específico. O nível dos processos internos observados e analisados se situa um pouco abaixo dos níveis conscientes da percepção. O que se observa, na verdade são as manifestações físicas detectáveis geradas no cérebro em resposta aos estímulos aplicados, que traduzem estados emocionais, em reações conhecidas e estudadas pela neurociência. O foco está na consequência, no momento da reação quando ela toca o mundo físico observável. A consequência física leva às conclusões.

Quanto aos estudos dos tipos psicológicos, trata-se do reconhecimento de níveis mais profundos dos processos que modelam características e definições do caráter humano, que são as causas primordiais de medos, carências, necessidades e desejos humanos. Estes processos são as raízes mais profundas de onde tudo floresce no inconsciente humano. A partir daí, este arcabouço de pré-disposições, estruturas de formação e funcionamento de processos psicológicos segue seus caminhos próprios e reconhecidos pela psicologia junguiana, culminando bem mais à frente em reações físicas, que poderão tomar diferentes formas e locais, de acordo com a estrutura de formação de cada tipo psicológico. Como ex-programador de computadores e analista de sistemas de T.I., gosto de fazer uma analogia desse processo com a criação de algumas linguagens de programação com estrutura orientada a objeto. Em alguns casos, o desenvolvimento da linguagem, ou seja, da estrutura de operação dos comandos, foi feito utilizando-se a própria linguagem, sua própria lógica e códigos mais internos. Isso é uma característica denominada por recursividade no mundo da tecnologia, onde a própria estrutura se desenvolve e vai se recriando nos próximos níveis. A natureza utiliza este princípio primordial nos fractais, que podem ser observados em várias formações naturais. Isso concede à linguagem uma característica e possibilidades específicas da própria linguagem. Ao considerar os tipos psicológicos, vejo esse processo acontecendo também no espaço que consiste a psiqué do ser humano, onde tendências e pré-programações primordiais e intangíveis vão se auto replicando, dando a cada grupo de indivíduos características únicas e inegáveis. Talvez seja possível dizer que o estudo dos tipos psicológicos junguianos consiga alcançar o ponto mais próximo conhecido do nascedouro intangível, ou o *"bóson de Higgs"*, de toda a complexidade psicológica de cada indivíduo. A partir daí, segue conhecendo os caminhos mais evidentes, ou arquétipos, que cada estrutura de formação, ou tipo psicológico, pode conduzir e em quais reações emocionais e físicas podem culminar.

Para finalizar, há ainda uma característica conhecida pela neurociência denominada "plasticidade neural", em que o cérebro pode se reconfigurar fisicamente, passando a responder a estímulos semelhantes de forma diferente, o que pode levar a resultados inconsistentes, mesmo efetuando medições em níveis subconscientes. Talvez sejam algumas estruturas de formação psíquicas específicas de determinados tipos psicológicos que possibilitem esse tipo de fenômeno. Mais à frente, neste livro, veremos um notável exemplo disso, no tópico específico sobre este assunto, onde um paralelo mais detalhado entre a neurociência e os tipos psicológicos será apresentado.

Por que ler este livro?

Se você é um daqueles tipos de pessoas que gostam de estar

sempre se aprimorando em seu trabalho, buscando ampliar as possibilidade e ferramentas disponíveis para realizar seus objetivos, ou simplesmente buscando verticalizar seus conhecimentos, afinal de contas tudo o que aprendemos pode contribuir para melhorar o que já sabemos, talvez você esteja se perguntando agora: - Por que não lê-lo? Somando-se a isso, quando trabalhamos tentando reconhecer padrões em um ambiente incessantemente crescente, em evolução e transformação, onde surgem constantemente novas ondas e tendências, é realmente muito oportuno descobrir os pontos imutáveis existentes em nosso objeto de estudo, reconhecendo padrões mais consistentes e profundamente sólidos, com base nos quais podemos construir estratégias mais aderentes e corretas, fortes o suficientes para transpassar fatores de influência mais superficiais e passíveis de alterações. Em um mercado em incessante evolução como o marketing, cada detalhe pode fazer a diferença! Acreditar que sempre há algo a mais a ser descoberto costuma ser a chave para a evolução. Há algum tempo, li um texto que dizia que "mágica não é nada mais do que a aplicação de várias pequenas técnicas em conjunto, de forma que uma coisa impossível seja aparentemente realizada (ou seja realmente realizada)".

Com isso em mente, talvez seja uma consequência natural perguntar a si mesmo: - Por que não buscar aprimorar nossa capacidade de fazer mágica?

@ / $

INTRODUÇÃO

Seja bem-vindo! É um prazer tê-lo aqui comigo e poder conduzi-lo por esta leitura. Se você é um estudante em alguma área relacionada a marketing, talvez eu possa lhe apresentar uma nova possibilidade de como analisar o comportamento do ser humano, o que pode contribuir para o desenvolvimento de muitos estudos e pesquisas mais aprofundadas sobre o assunto. Pode também lhe ajudar a entender e fazer a abordagem mais correta naquela garota, ou naquele garoto, que você já está de olho faz um tempo, mas não sabe como se aproximar. Isso pode mudar a sua vida! Se você já é um profissional de alguma área relacionada, espero que eu possa lhe trazer uma informação disruptiva sobre como enxergar seus públicos, de modo que seja possível fazer um raio-X um pouco mais profundo e repensar a forma como seus produtos e campanhas são desenvolvidos e direcionados. Pode também lhe provocar algumas novas ideias de pesquisas e aprofundamento nesse assunto, abrindo-lhe um leque de novas possibilidades e de descobertas próprias! Aqui lhes mostro apenas o início de um novo caminho que se pode trilhar rumo a um melhor entendimento do ser humano e seus comportamentos tão aparentemente aleatórios!

Creio que é importante esclarecer que o presente livro foi escrito a partir das pesquisas e estudos realizados para a elaboração de minha monografia de MBA no curso de Gestão Estratégica em Marketing, na Fundação Getúlio Vargas de Brasília. Mas esses estudos são apenas a ponta do iceberg. Muitas outras informações podem ser trazidas à luz e muito conhecimento pode ser construído a partir dessas primeiras descobertas. Fica a critério de cada um o quão longe se poderá chegar nesse campo.

Dito isso, vamos dar início à introdução propriamente dita que, apesar de pertencer a um livro de proposta disruptiva, ainda segue o padrão das boas e tradicionais introduções clássicas!

Como muitos de nós envolvidos com a área de marketing já sabemos, cada vez mais, em nossa sociedade, as pessoas que a compõem vêm se tornando únicas, com características cada vez mais diversas umas das outras. A quantidade de grupos e nichos vem crescendo a cada dia, ao passo que esses grupos se tornam menores, mais específicos e detalhados. As pessoas estão aprimorando suas preferências, customizando-se e se tornando mais exigentes, para que sejam atendidas e entendidas em suas particularidades. Poderíamos, então, até dizer que cada pessoa é um ser único nesse vasto universo?

Bom, qualquer espiritualista ou praticante de esoterismo responderia um sonoro "sim" com absoluta certeza. Porém, quando temos um único produto ou serviço e queremos torná-lo atraente ao maior número de pessoas possível, não podemos trabalhar com base em um conceito tão amplo. Temos que ser um pouco mais criteriosos, de forma a encontrar características em comum ao maior grupo de pessoas que for possível.

Por outro lado, a sensibilização de um mercado com essas características vem se tornando mais intensamente desafiadora, afinal de contas, como atingir e atender simultaneamente tantos e tão específicos nichos? Como campanhas de massa podem continuar sendo tão "de massa" e, ao mesmo tempo, atingir públicos tão diferentes e únicos?

O que fazer então? Investir ainda mais em campanhas, oferecendo mais do mesmo? Hum... talvez não seja uma boa ideia. Elaborar campanhas mais ousadas ou agressivas? Bem, é uma opção. Há muitas campanhas hoje em dia bem instigantes, que provocam seu público, capturando sua atenção por meio do inesperado e do inusitado, seguindo as características da personalidade externa das gerações mais contemporâneas. Porém, com os crescentes níveis de consciência e exigência por parte desse público consumidor, do que tratarei um pouco melhor mais à frente, seguindo-se por este caminho, o tiro pode sair pela culatra e gerar um maior nível de rejeição. Tentar ainda outras opções, investindo mais em merchandising, marketing de guerrilha, marketing de oportunidade, de produto, de relacionamento, viral ou inbound, oferecer promessas utópicas, ou partir para algum tipo de hipnose coletiva?

Bem, não sei para você, mas para mim tudo isso soa como mais do mesmo, e as últimas, condutas desonestas ou até ilegais! Conquistar seu mercado valeria este preço? Na tentativa de sair desse círculo, muito se tem falado e discutido sobre inovação. Como cerne de seu próprio conceito, inovação significa adotar alguma nova forma de ver e atuar sobre algo, ou quebrar alguma regra pré-estabelecida. É com essa intenção que nos colocamos aqui, buscando desafiar algumas normas e convenções utilizadas como base, até então, para se analisar os comportamentos do consumidor e se planejar estratégias de atuação.

@ / $

MAIS CONSCIÊNCIA E A IMPRECISÃO DO SUCESSO

Considerando-se que nos encontramos na era da informação, e consequentemente do conhecimento e esclarecimento em relação a como o mundo funciona, os níveis de conscientização também estão se tornando cada vez maiores. Os indivíduos estão tomando posse de sua capacidade e direito de analisarem, conhecerem os bastidores e questionarem as coisas. Não há mais assunto, informação ou algum vídeo do tipo "Como isso ou aquilo é feito" que não esteja a poucos cliques de qualquer um com um celular na mão.

Sendo assim, no fim das contas, tudo que for planejado para atuar na esfera mental ou nos níveis emocionais mais superficiais de algum público poderá, ou tenderá, a se tornar objeto de pesquisas e análises mentais mais criteriosas por parte do público, principalmente das novas gerações, bem como respostas baseadas nas variações e intempéries inerentes à própria mente, sendo, portanto, mais facilmente abaladas pelas condições emocionais do momento, de cada indivíduo ou de uma coletividade.

Para se construir uma empatia, interesse e desejo mais profundos e duradouros, que perdurem placidamente e de forma mais inabalável abaixo desse mar de inconstâncias, assim como um submarino que navega de modo contínuo e estável por águas profundas e calmas sem ser afetado pelas constantes ondas e tempestades na superfície do oceano, talvez seja necessário atuar nos níveis mais inconscientes do ser humano, de forma a despertar seu desejo por algo de uma maneira mais nativa, enraizada e inquestionável, tocando aspectos mais profundos de sua psique, na maioria das vezes, desconhecidos até por ele mesmo.

Este talvez seja o objetivo final de toda campanha de lançamento ou de posicionamento de qualquer produto, porém, pela experiência conhecida de campanhas que vêm sendo construídas e realizadas até então, principalmente as de desenvolvimento e lançamento de novos produtos, observamos que talvez não estejam funcionando de forma suficientemente satisfatória e tão efetiva quanto se desejaria. Apesar de todo o conhecimento sobre as teorias do comportamento do consumidor, muitos produtos fracassam em suas vendas por não atenderem plenamente às necessidades ou desejos do mercado, ou talvez por não terem sido posicionados de forma adequada para seu público potencial. Como exemplo, pode-se citar o Google Glass, lançado em 2014. Apesar de inovador e de prometer praticidade e muita utilidade para os consumidores, por alguns motivos, incluindo preço, problemas de privacidade e repercussão cultural, o produto simplesmente não decolou. Outro exemplo é o Segway, um tipo de patinete motorizado com duas rodas laterais. Lançado em 2002, prometia revolucionar a mobilidade urbana. Porém, o preço elevado e restrições em muitas cidades atrapalharam as vendas. Com o tempo, passou a ser ridicularizado, pois era difícil parecer "legal" percorrendo a cidade em um veículo daqueles, com suas rodas meio caricatas. Atualmente, o Segway se tornou o veículo preferido para os agentes de segurança de muitos shoppings centers. Em contrapartida, há também produtos, criados com base apenas na intuição, ou feeling, de alguns profissionais de marketing, ou ainda devido a uma necessidade pessoal de alguém criativo e empreendedor, que se transforma em sucesso de vendas, ou pelo menos desfruta de um bom público cativo, como o Magic Mop, criado por Joy Mangano, que estava cansada de se curvar e colocar as mãos na água suja para torcer seu esfregão. Apesar de ter sido chamada de louca, Joy, sem elaborar minuciosas pesquisas de marketing, seguiu com sua ideia, sentindo que poderia levar tal benefício para milhares de outras donas de casa que sofriam com o mesmo problema.

Em minhas últimas pesquisas a respeito, para apresentar um esboço sobre esse aspecto do mercado, constatei que apenas vinte e cinco por cento de novos produtos lançados no mercado obtêm êxito. Seria essa imprecisão de avaliação causada pela interferência de componentes ainda desconhecidos de um composto de marketing mais efetivo, por falhas nos princípios que regem os processos criativos, ou por algum equívoco nas teorias sobre comportamento do consumidor? Ou ainda por aspectos do comportamento humano ainda não abordados pelos estudos do comportamento do consumidor?

Talvez uma pista possa ser extraída em um artigo que li há algum tempo em uma revista de economia e mercado. O artigo citava uma empresa especializada em análise de fatores de risco no lançamento de novos produtos no Brasil. A conclusão das análises mostrou que cinquenta e quatro por cento dos novos produtos apresentaram, ou apresentariam, falhas para atrair o público. De acordo com as pesquisas ainda, as falhas se apresentaram predominantemente na capacidade de atração dos produtos e no desejo de compra. Traduzindo: o problema me pareceu residir justamente nos fatores psicológicos humanos, na falta dos apelos corretos para tocar aquele ponto teoricamente intangível do ser humano que faz despertar seu desejo e atração por algo.

A bibliografia pertinente nos diz que as avaliações e princípios de comportamento do consumidor devem ser considerados apenas como tendências do mercado, mas é só isso mesmo que elas deveriam ser? Em um cenário onde são investidas grandes quantidades de dinheiro e recursos na criação e no desenvolvimento de novos produtos, onde um fracasso pode representar o encerramento das atividades de muitas empresas, essas questões tornam-se críticas. Pelas análises feitas, observou-se não haver muita coisa realmente inovadora que poderia ser feita atualmente no que diz respeito aos processos criativos e de desenvolvimento, pelo menos que sejam possíveis utilizando-se as tecnologias atuais. Talvez seja, então, uma boa hora de começar a reconsiderar estes princípios sobre os quais estamos condicionados a desenvolver as análises do comportamento de nossos públicos.

ATINGINDO O PONTO "G"

De acordo com o que foi exposto no tópico anterior, o objetivo aqui não é fornecer recursos ou técnicas utópicas para a criação de campanhas ou novos produtos arrasadores, mas sim possibilitar mudanças de curso de pensamento, talvez até pequenas, porém que conduzam de forma precisa e certeira ao que poderíamos chamar de "ponto G" do hipotético órgão formado pelos fatores que criam os desejos mais nativos e elementares do indivíduo.

Sob esse novo contexto ou ponto de vista, seus produtos ou campanhas não precisariam ser intergalacticamente inovadores, bastando apenas tocar aquele ponto fraco oculto do seu público que só você conseguirá identificar! O trabalho é conhecer estes novos aspectos humanos e nos tornarmos hábeis para identificá-los e atendê-los. Como resultado, seremos capazes de evitar ao máximo eventuais dissonâncias cognitivas, pré e pós-venda, e poderemos proporcionar aquele conforto extra ao atender também necessidades psicológicas ocultas ao próprio consumidor, de forma que nossos produtos ou serviços sejam sempre sua melhor escolha!

@ / $

OUTRAS ABORDAGENS PSICOLÓGICAS

O estudo desenvolvido, que apresentarei neste livro, nos conduzirá à quebra do paradigma de como olhamos para as possibilidades de análise do comportamento de consumidores. Na bibliografia pertinente, cita-se muito os princípios da psicanálise freudiana, com sua abordagem de análise do consciente e inconsciente, causas e consequências na psique humana. As constantes citações de Freud evidenciam a vertente psicológica sobre a qual os princípios de análise do comportamento do consumidor têm sido construídos. Sigmund Freud fez um belíssimo trabalho em sua vida e contribuiu de forma profunda e inegável para o desenvolvimento e compreensão da mente humana, sendo hoje a principal referência para a construção de análises nas mais diversas áreas e questões relativas ao comportamento humano. Porém, sabe-se que há outras vertentes de estudos da psicologia humana, com abordagens, visões e formas de compreensão um pouco diferentes, no entanto com o mesmo grau de profundidade.

Para citar as mais conhecidas: a Psicanálise, cuja paternidade é atribuída a Sigmund Freud; o Behaviorismo, criado pelo psicólogo John B. Watson e repensado por Burrhus Frederic Skinner; a TCC,

Terapia Cognitivo-Comportamental, criada pelo neurologista e psiquiatra Aaron Beck; a Gestalt-Terapia, criada por sete intelectuais, destacando-se Fritz Perls; a Bioenergética, criada por Alexander Lowen com base em preceitos da proposta reichiana de Wilhelm Reich, entre outras. Todas têm suas formas específicas de olhar para o complexo psicológico humano, tecer suas análises e lidar com os desvios ou desequilíbrios identificados. Há ainda, para não se considerar uma mudança tão radical de abordagem do comportamento humano, outras vertentes da própria psicanálise, como a Psicanálise de Lacan, criada pelo psicanalista Jacques Lacan; a Psicanálise de Winnicott, cuja abordagem foi criada por Donald Winnicott; e a Psicologia Analítica Junguiana, criada pelo psiquiatra e discípulo de Freud, Carl Gustav Jung.

Essa quantidade de formas de compreender o comportamento do ser humano nos mostra que há um mundo consideravelmente grande e desconhecido que se poderia explorar na busca de um aprofundamento maior nos níveis de entendimento, porém isso seria uma tarefa hercúlea e pouco prática em um mundo onde os custos de pesquisa, desenvolvimento, produção e posicionamento são caros e alguém precisa pagar a conta! Porém, no meu caso, descobri outras vertentes da psicologia humana por uma questão de necessidade pessoal e acabei por me aprofundar na vertente da psicologia junguiana por um caprichoso acaso ou, nos conceitos do próprio Jung, por uma questão precisa de sincronicidade.

@ / $

EIS QUE JUNG VEM ME DAR À LUZ

Foi um período internamente intenso, árduo, porém gratificante. Há muitos anos, devido a alguns problemas comportamentais e de autoestima, percebi que precisava de ajuda profissional para que eu pudesse conquistar uma vida mais plena e feliz. Por sempre ter sido interessado no ser humano e seus comportamentos, por muitos anos tentei métodos de autoconhecimento, autoterapia, relaxamentos, meditações, profundas reflexões, entre outras possibilidades que me surgiam à frente. Porém, após relutar um pouco, sentindo que sempre havia um limite na minha evolução, acabei por procurar tratamento com alguns psicólogos. Tais psicólogos utilizavam a psicanálise freudiana em seus tratamentos. Com uma mente muito ativa e analítica, eu acabava por ficar analisando o terapeuta que estava me analisando e os métodos que utilizava. É claro que, com essa dinâmica, os tratamentos não prosperavam muito. Até que, por indicação de um terapeuta anterior, conheci uma psicóloga "diferente". Utilizava várias vertentes de conhecimento para auxiliar em suas terapias, como meditações, constelação familiar, utilização daqueles pequenos aparelhos geradores de ondas cerebrais, reprogramação neurolinguística, entre outras práticas.

Contudo, a particularidade que mais foi um divisor de águas na minha vida deveu-se ao fato de que ela utilizava a vertente da psicanálise junguiana para aplicar suas terapias. Isso fez toda a diferença. Eu ficava impressionado com sua habilidade em identificar minhas tentativas de análise e controle nas sessões, de fazer as perguntas certas e aplicar os exercícios mais desconcertantes, que me deixavam completamente sem saber o que estava acontecendo, onde eu estava sendo avaliado, ou o que ela havia detectado. Era assustador e, ao mesmo tempo, sensacional! Eu havia encontrado uma "oponente" digna para minhas batalhas mentais, e ela sempre vencia! Significava que eu tinha muito o que aprender. É claro que tal batalha ocorria apenas dentro da minha psique, e minha terapeuta sabia plenamente disso. Ela sabia que essa necessidade de estar sempre nesse estado de batalha era apenas mais um dos aspectos que precisavam ser tratados no meu complexo psicológico. Apesar de tudo, o mais impressionante era que, quanto mais aparentemente sem sentido eram os exercícios e práticas, mais eu sentia minhas limitações desaparecendo, ou pelo menos amenizando-se a ponto de não mais serem um fator relevante nas minhas rotinas. Ou seja, minha vida estava se tornando melhor, eu estava mais feliz, conseguindo superar com mais facilidade os desafios do dia a dia.

Seus métodos eram eficazes, apesar de eu não saber o que estava acontecendo. Bom, pelo menos antes das práticas, pois como eu disse, sempre fui muito interessado no comportamento humano, assim, após relatar meus avanços, eu sempre a questionava sobre o que havia acontecido, por que havia melhorado, como tais práticas contribuíram para o desencadeamento da superação e tudo mais o que era possível aprender da experiência. Foi uma época de muitas descobertas e crescimento pessoal. Assim, vendo meu interesse persistente em seus métodos, minha terapeuta me indicava alguns livros como estudo complementar. Passei, então, a estudar alguns livros de Jung.

Confesso que não foi leitura fácil. Ler Jung descrever as estruturas e processos, causas e consequências da psique humana, de acordo com sua visão, era como ler alguns filósofos alemães como Nietzsche ou Kant. Uma leitura muito complexa e intrincada, haja vista a necessidade da utilização de estruturas complexas de linguagem para descrever os meandros intrinsecamente emaranhados dos processos que foram identificados e tratados por ele. Porém, com o tempo creio que minha capacidade cognitiva foi se expandindo em algum grau. Fui me acostumando e compreendendo, pelo menos uma parte suficiente, do que ele queria dizer em suas análises e conclusões. Assim, além de começar a me compreender melhor e a ter mais domínio sobre meus processos psicológicos, fui também conseguindo lapidar meu olhar e entendimento a respeito dos conflitos, comportamentos e atitudes das pessoas com as quais convivia e das que entendia o contexto em que existiam.

> *"Conhece-te a ti mesmo e*
> *conhecerás o universo e os deuses."*
> Sócrates

@ / $

O PROBLEMA E SUA IMPORTÂNCIA

Pois bem, apresentadas as sincronicidades que me conduziram a cruzar com as abordagens junguianas da psicologia, retornemos ao marketing, uma vez que dizem que "tempo é dinheiro" e o tempo que você está dispendendo a esta leitura deve lhe ser caro.

Como já dito anteriormente, apesar de todas as teorias existentes que tratam dos aspectos da percepção e do comportamento do consumidor, observa-se que grande parte dos novos produtos acabam por fracassar em suas vendas. Não se consegue capturar o desejo das pessoas ou elas simplesmente não se atraem pelos produtos ou pelos benefícios que eles oferecem, da maneira que são oferecidos. Por sua vez, outros produtos, mesmo possuindo aspectos que ferem alguns princípios dessas teorias, obtêm sucesso. Diante desse fenômeno, ficam no ar algumas dúvidas: se há alguns elementos ainda ocultos do composto de marketing, desconhecidos pelos profissionais da área, que afetam o resultado sobre o poder de atração dos produtos, e consequentemente de suas vendas; se há pontos incorretos nas teorias existentes; ou ainda, se há aspectos do comportamento humano que não estão sendo considerados pelas teorias nas análises de comportamento do consumidor, o que tornam imprecisas as conclusões dos analistas e planejadores.

Uma vez que a própria literatura da área de estudo do marketing afirma que as teorias apontam apenas para tendências do mercado, não se podendo afirmar categoricamente se uma situação esperada realmente acontecerá, os casos de sucesso não poderiam estar sendo obtidos, em um grau relativamente elevado, devido a aspectos advindos do universo das probabilidades, ou seja, a uma certa aleatoriedade? Em outros casos, fala-se que o sucesso baseou-se em um *feeling* ou *insight*, mas o que seria realmente isso, e de onde isso vem? Onde podemos adquiri-los?

A análise destas questões é de fundamental importância para a sobrevivência, tanto de empresas que trabalham com criação de novos produtos, quanto das que desejam ou necessitam posicionar seu produto no mercado, haja vista as grandes somas em dinheiro e recursos gastos na pesquisa e no desenvolvimento destes projetos e onde um erro pode ser fatal para a continuidade dessas empresas. O desenvolvimento tecnológico, a competitividade, o crescente nível de exigência do mercado e a necessidade de inovação são questões sempre presentes e vêm gerando muitos estudos e abordagens. Porém, talvez seja o momento de se trazer algum elemento novo para o tabuleiro de possibilidades, que quebre alguns paradigmas e nos leve a algum novo domínio de conhecimento, que possa ser explorado e que talvez ninguém esteja ainda considerando.

E foi analisando o conhecimento advindo das abordagens e análises utilizadas pela psicologia junguiana que percebi grandes possibilidades de atender a esse chamado por algum tipo de mudança disruptiva. Considerar e compreender as várias camadas que compõem o processo de percepção do ser humano sob esta vertente poderá inspirar novas formas de pesquisa e abordagem do comportamento do consumidor, aumentando a margem de acerto de novas campanhas, bem como de criação e lançamento de novos produtos. Dentre os vários aspectos da psicologia humana abordados por Jung, para este fim destacaram-se os estudos junguianos dos tipos psicológicos, que foram a base para o desenvolvimento de minhas pesquisas. Tais aspectos da psicologia humana atuam permanentemente na psique dos indivíduos, em qualquer tipo de interação. Portanto, as conclusões deste estudo não se prestam apenas para a análise da percepção e desenvolvimento de novos produtos, mas também para aplicação em qualquer tipo de projeto, campanha e movimento na direção de atrair a atenção, criar o desejo e conquistar a fidelidade de públicos específicos.

CONHECENDO MELHOR COM QUEM ESTAMOS LIDANDO

Os Fascinantes Universos Particulares Pessoais!

Não é fascinante observar o comportamento e a diversidade de posicionamentos e preferências das pessoas nos tempos e tendências que estão se desenvolvendo atualmente? Não me refiro a quais tendências as pessoas estão seguindo ou ao que estão fazendo para viverem suas vidas, se divertir ou satisfazer suas necessidades físicas momentâneas, mas sim à crescente diversidade de anseios intrínsecos, de necessidades mais profundas, que acabam se manifestando externamente como aspirações e propósitos de vida. Fascinante também é como esses universos se permeiam, ainda assim sem se misturarem ou se fundirem, conduzindo seus respectivos habitantes, quer seja pela necessidade de serem aceitos em algum grupo, ou na busca incessante por algo que toque de alguma forma estes anseios intrínsecos e invisíveis, os quais não são sentidos de forma consciente, mas que lhes geram aquele tênue, porém constante e perene, sentimento de que "o caminho é por aqui, e não por ali".

Como dito acima, esses universos são invisíveis e particulares. Não se tem acesso a eles. Não é possível delineá-los à distância, porém estão lá, mantendo-se em pleno equilíbrio, um equilíbrio saudável ou não. Na interação entre as forças internas de cada indivíduo, estas acabam por se acomodarem em algum lugar que contribua para o equilíbrio e estabilidade do complexo emocional de cada um. Como são particulares e não estão à mostra, para conhecê-los o suficiente para se poder atuar sobre eles, seria necessário um bom tempo de convivência e proximidade a esses universos. Pela minha própria experiência e observação, arrisco dizer que, em média, aproximadamente dois anos são suficientes para se obter o conhecimento necessário para interagir e atuar de forma confortável com o universo particular de cada indivíduo.

Não é por acaso que essa é a média de namorados que, ao perceberem que realmente se amam, acabam decidindo por assumir um compromisso mais sério após esse período. A convivência constante com o outro acaba por interferir no equilíbrio pessoal do indivíduo, abrindo um espaço para acomodar o(a) parceiro(a), que passou a fazer parte de uma nova configuração interna, e essa nova configuração acabou por proporcionar algum tipo de conforto e/ou satisfação. Logo, o próximo passo seria aprofundar essa convivência, caminhando para novos níveis de relacionamento e convivência, gerando novas configurações mais avançadas nesse jogo de forças internas, o que vai contribuindo para a evolução de cada indivíduo. Porém, ao se passar desse período sem que nada mude no relacionamento, talvez o casal esteja entrando em um, talvez longo, período de protelação, onde começam a ser criadas, mesmo que de forma inconsciente, situações e justificativas para que tudo permaneça como está. Estas justificativas podem ser alimentadas por apenas um dos parceiros ou por ambos, dependendo daquele equilíbrio de forças internas do universo particular de cada um, que citei há pouco. O fato de nada mudar na relação após esse período, em média, pode significar que nada mudou dentro do indivíduo, que aquele equilíbrio de forças internas inicial permanece igual, mesmo após se conhecer o universo do outro de forma mais intrínseca, e que a convivência e interação com o universo particular do outro ainda não traz suficiente segurança ou conforto. E assim, vão-se produzindo situações e contextos para justificar o fato do adiamento da decisão. Não é por coincidência que já vimos casos em que um casal permanece em um namoro ou compromisso informal estável por dez anos e, após muita pressão da família e amigos, acabam, de forma relutante, por assumir o compromisso formalmente. Em um grande e concludente evento se casam, ante o alívio dos pais, para se separarem definitivamente após seis meses!

Bom, mas como observei antes, esses casos, tanto como o tempo médio em que acontecem, são apenas constatações e observações empíricas minhas, sendo também uma média o próprio comportamento e os motivos que levam os envolvidos a desenvolverem tal contexto. Há inúmeras exceções por aí. Portanto, não vá registrar isso como informação científica...

...porém, sabemos que acontece...

Mas por que isso tem alguma importância para nossos estudos? Bom, para responder a esta pergunta gosto de fazer uma analogia entre a interação entre essas forças internas dos elementos psicológicos individuais de cada um e a interação entre as forças das partículas que compõem a matéria do universo. Tudo o que vemos como matéria não passa de minúsculas e invisíveis partículas que ficam flutuando eternamente no espaço. E as infinitas coisas que vemos e tocamos são o que são e se manifestam devido a alguns tipos específicos de partículas existentes e a algumas poucas formas de interação entre essas partículas. Esses poucos elementos e seus não muitos tipos de interações, dependendo de como se organizam, são capazes de gerar uma grande diversidade de coisas.

Podemos dizer que não é uma tarefa fácil tentar compreender

cada uma das coisas que se manifesta na matéria, porém ao se descer um pouco mais nos níveis da análise, foi possível compreender simultaneamente a formação e o comportamento de toda a matéria! Foi possível também classificar e separar em grupos similares, as substâncias geradas por essas combinações, de acordo com características estruturais, independentemente de seu aspecto ou aparência. Assim, obteve-se um entendimento e controle maior sobre essa infinidade de matéria que se manifesta no universo. Tornou-se possível também prever o comportamento dos grupos de substâncias, de acordo com sua composição estrutural, organização e interação entre suas partículas.

Concluindo, foi possível compreender e prever o comportamento de uma infinidade de substâncias, devido a se ter mergulhado um pouco mais fundo nos níveis de composição e interação dos elementos que as compõem, sendo possível também a definição de grupos e subgrupos com similaridades mais fiéis a suas estruturas e comportamentos.

Entendido isso, podemos considerar seriamente a possibilidade de transferir esse mesmo processo para as esferas do comportamento humano, de forma a se obter uma maior compreensão, domínio e previsibilidade para as esferas da psique de nosso público potencial. Bem, mas como poderíamos fazer isso?

@ / $

DE ONDE VÊM OS DESEJOS E NECESSIDADES?

Primeiramente, precisamos repensar os comportamentos do nosso público ou, pelo menos, aprender mais sobre as reais motivações e necessidades de cada nicho. Você até poderia dizer: "Bom, mas é isso que já se tem feito até hoje para identificar e determinar os nichos, maximizando as campanhas! Não há novidade nisso!" Esta resposta está correta... até certo ponto!

Como assim? Bem, vamos lá.

"Não se pode encontrar a solução de um problema usando o mesmo estado de consciência que criou o problema. É preciso elevar sua consciência."

Einstein

Ao compreender a ideia central do pensamento de Einstein acima, poderemos começar a vislumbrar a ideia de que apenas tentar repensar os comportamentos dos públicos ou reclassificar suas categorias e nichos, ou ainda continuar elaborando campanhas mais criativas e ousadas visando atingir as massas com base no que já conhecemos sobre comportamento do consumidor, sem expandir um pouco mais nossa consciência em relação a esse universo, não seria suficiente. Seria continuar tentando resolver o problema pensando no mesmo nível do problema, buscando analisar o comportamento permanecendo no mesmo nível dos que se comportam. Seria mais do mesmo.

Como o administrador de uma empresa com funcionários improdutivos que tenta resolver o problema redefinindo os setores internos e reagrupando os mesmos funcionários de forma diferente, ao invés de buscar por novos funcionários mais competentes.

*"Se eu tivesse uma hora para resolver
um problema, eu passaria cinquenta e cinco minutos
pensando sobre o problema e cinco minutos
pensando sobre a solução."*

Einstein

Para expandir nossa consciência sobre o universo do

comportamento humano, precisamos primeiro nos debruçar um pouco mais profundamente sobre ele, porém com uma abordagem diferente, com base em algo novo, talvez algo mais primordial. Einstein sempre buscou por uma lei única do universo, da qual se derivassem todas as outras leis. Ele pode não ter encontrado tal lei, porém, no caminho que percorreu em busca dela, presenteou o mundo com outras leis e descobertas incríveis, que trouxeram muitos avanços para a humanidade.

Sim, chegamos até aqui em nossa compreensão dos mercados, dos indivíduos e seus comportamentos, e isso foi ótimo. Contudo, o mundo hoje se expande vertiginosamente, com bifurcações de tendências dentro de outras bifurcações, o que tem tornado as análises contemporâneas continuamente mais complexas e caóticas, vez por outra até se aproximando perigosamente de esbarrar na aleatoriedade. Assim, na busca de algum direcionamento novo e mais efetivo para a compreensão e atuação nesse universo, entendamos que, para compreender de forma mais precisa a composição e a atividade das folhas de uma grande e frondosa sequoia, é preciso também mergulhar bem fundo no terreno de onde ela se ergue e dirigir nossa atenção para as delicadas extremidades de suas raízes para analisar quais substâncias e nutrientes ela está retirando e absorvendo do solo.

Então, seguindo nessa direção de pensamento e disposição em conhecer novos aspectos desses domínios, em primeiro lugar é necessário identificar e reconhecer algum tipo de estrutura mais básica, mais intrínseca do objeto a ser analisado, ou seja, da psique humana. Em outras palavras, descer um pouco mais fundo na percepção dos processos psicológicos que acontecem nos recônditos porões da psique humana. Conforme diz uma famosa frase, geralmente dita por físicos quânticos na ocasião em que se tem muito a vasculhar em um vasto universo de conhecimento até então desconhecido: "Até onde você quer descer na toca do coelho?" - referindo-se ao coelho da história de Alice no país das maravilhas.

Entendendo um pouco mais do que já se sabe sobre o assunto: hoje em dia, psicólogos, terapeutas especialistas em várias abordagens e até tarólogos poderiam nos dizer com bastante veemência que as decisões e desejos mais importantes de cada indivíduo brotam do nível inconsciente de seu ser. Como se o inconsciente de cada pessoa fosse um oceano e o consciente fosse apenas o primeiro metro de profundidade de água da superfície desse oceano. Digamos que, enquanto as águas da superfície estão sendo natural e cotidianamente influenciadas pelos movimentos e fenômenos que ocorrem nessa região mais rasa, ou acima da linha da superfície, como correntes marítimas mais superficiais, ventos, temperatura e outras precipitações atmosféricas, uma pequena bolha de algum tipo desconhecido de gás, com uma combinação única de elementos, é produzida por algum tipo de musgo, ou o que quer que seja, devido a causas desconhecidas, no mais profundo solo desse oceano. Essa bolha vai subindo desavisadamente, ignorando completamente o que acontece lá bem acima, no primeiro metro de água da superfície. Ela é o que é, devido aos elementos e causas profundas e bem conhecidas apenas por ela, independente do que acontece bem acima, na superfície do oceano. Se está quente lá em cima, se o vento está agitando a superfície, se nas camadas mais rasas a água é mais cristalina, pouco importa para o musgo que gerou a bolha, e para a bolha propriamente dita. A bolha continua subindo, expandindo-se à medida que a pressão da água diminui. O que era uma pequenina e timidamente comprimida bolha, começa a crescer em volume, a acreditar mais em si mesma e a ficar mais imponente. Até que chega próxima à superfície e, de forma disruptiva e abrupta, sem pedir licença, adentra ao primeiro metro de água da superfície, fazendo-se sentir, em todo seu esplendor, exigindo auto satisfação. Não vai deixar de se expressar, nem de existir. Mesmo sendo completamente contraditória a todas as influências e movimentações que acontecem na superfície, lá vem ela, inexorável e segura da natureza de sua existência. As águas da superfície que reajam ou se adaptem à sua presença intrusa! Em outras palavras, que lidem com os efeitos e consequências da eclosão de tal fenômeno em seu domínio mais superficial.

Da mesma forma, apesar de toda a estrutura de conceitos, auto conceitos, personalidade, tendências e influências externas e os consequentes comportamentos do indivíduo ao qual pertence o oceano em questão, seus desejos mais arraigados e suas decisões mais perenes e fiéis a seu eu genuíno, provenientes das águas mais profundas e desconhecidas de seu inconsciente, permanecem em constante estado de alerta. Sob a superfície de seu comportamento controlado e influenciado superficialmente, nos momentos da vida desse indivíduo que podemos chamar de "hora da verdade", esses desejos e necessidades rasgarão e transpassarão impassivelmente as camadas mais superficiais de regras sociais estabelecidas, conceitos formados, preferências racionais e influências externas. Ou seja, independente das campanhas influenciadoras, em momentos "hora da verdade" são os anseios mais inconscientes que ditam as regras e movem o indivíduo!

Muitas vezes a camada consciente pode negar ou ignorar seletivamente esses desejos e necessidades, visto que a manifestação dos mesmos pode representar a perda do controle de si mesma, pois a mente consciente e o intelecto se auto realizam e sobrevivem estando no controle de tudo, ou pelo menos pensando que estão. Outro motivo que pode gerar essa negação são crenças e preconceitos velados que o indivíduo guarda em seu inconsciente e que contradizem tais desejos e necessidades. Assim, em ambos os casos, as respostas desse indivíduo às pesquisas explícitas podem fornecer informações dissonantes, uma vez que ele pode externar o que gostaria de sentir ou desejar e não o que intimamente e realmente sente ou deseja. Evidentemente, a análise dessas respostas gerará estratégias e ações incorretas. Como aquela frase que diz: "Nem sempre o consumidor sabe o que realmente deseja". Permito-me acrescentar aqui, "...nem quem realmente é"!

Vez por outra me divirto observando algumas frases de status em perfis de aplicativos de redes sociais. É comum pessoas se auto descreverem nesses perfis como gostariam de ser, ou ainda citarem frases de efeito que indicam como gostariam de ser, ou como gostariam de se sentir. A intenção é fazer com que o mundo as veja daquela forma. Porém, se nos detivermos tempo suficiente para descobrir como funcionamos e buscamos ajuda perante nossos conflitos íntimos, poderemos concluir que aquela frase foi provavelmente encontrada em meio à busca daquele ser humano, representado por tal perfil, por soluções de seus problemas emocionais e pessoais. Logo, pode-se concluir, em grande parte desses casos, que a pessoa em questão sofre justamente da carência daquele tipo de característica que descreve a frase, ou seja, intimamente se sente o oposto daquilo!

Lembro-me de um episódio que presenciei há um bom tempo que pode ilustrar o poder desse fenômeno de forma prática. Na ocasião, eu trabalhava em um setor de comunicação de uma empresa financeira pública. O setor era composto por um gerente, um colega de mesmo cargo e eu. Todos tínhamos formação em design e, entre outras coisas, produzíamos vídeos e áudios. Na ocasião, meu parceiro de cargo e eu acabáramos de adquirir um MacBook Pro, com a intenção de expandir nossos conhecimentos na área e também produzir alguma coisa no âmbito particular. Meu colega de trabalho também produzia curtas para cinema, de forma que a plataforma seria muito adequada e útil para seu trabalho pessoal. Eu queria também utilizar a plataforma para produzir música, já que na época estava intensificando essa atividade na minha vida. Assim, apresentamos nossos novos notebooks no ambiente de trabalho para desfrutarmos um pouco de nossa satisfação pela nova aquisição e para compartilharmos nossas intenções para com os mesmos e projetos futuros. Nosso gerente era também um amigo muito querido e parceiro, de modo que me foi possível observar sua reação à nossa nova aquisição em um estado neutro e sereno, sem julgamentos. Assim, nosso amigo gerente, ao ver os novos equipamentos e após tecer os elogios devidos, quase que imediatamente começou a justificar por que ele, como gerente, e mesmo como designer, não precisava adquirir um equipamento semelhante também para si. Sua mente consciente se empenhou em encontrar argumentos práticos e críveis de que o equipamento que ele já possuía, um notebook PC, era suficiente para realizar as demandas e projetos pessoais que rotineiramente realizava. De forma precisa e racional, discorreu sobre vários aspectos da situação, os prós e contras, o desempenho que já conseguia com seu equipamento atual e a prescindibilidade em gastar tal soma em dinheiro com o equipamento em questão. O tom era quase como se estivesse se justificando por não partir também para a aquisição de um equipamento semelhante, mesmo sendo um designer assim como nós. Eu e meu colega de trabalho concordamos com todos os argumentos. Nessa ocasião, eu já estava fazendo meu tratamento terapêutico junguiano citado anteriormente.

Então, logo após nos afastarmos de nosso amigo gerente, pude dizer a meu colega que, pelos meus cálculos, nosso gerente compraria um notebook semelhante em, no máximo, duas semanas! Meu colega não entendeu muito bem o porquê. Então lhe expliquei: suas reações físicas de empolgação e desejo foram visíveis, mas apesar disso, logo foram seguidas de um discurso de explicações racionais práticas e justificadas. Ou seja, sua mente, ao detectar a criança interior se chafurdando alegremente e esperançosa na lama do desejo pulsante (e aqui me refiro à lama apenas como uma condição de espontaneidade e de uma alegre ausência de regras), percebendo todos os movimentos que teria que fazer para também adquirir tal equipamento e satisfazer aquela criança, sentindo também o desconforto e a precariedade de seu controle sobre essa condição interna, tratou de trazer a questão para seus domínios da razão e da racionalidade, onde tem soberania e controle, para apresentar a lista de argumentos que justificasse esquecer a questão. Então, na verdade, nosso gerente estava se justificando para si mesmo, não para nós. Porém, para mim, foi visível seu desejo latente em também possuir um equipamento semelhante, dadas as suas possibilidades. Era apenas uma questão de tempo para a criança espontânea vencer o duelo, bastava a mente fraquejar. E foi o que aconteceu na segunda ou terceira semana seguinte. Em um dos dias que se seguiram, nosso gerente apareceu no trabalho e nos apresentou seu novo notebook, semelhante ao nosso! Foi, então, quando me senti confortável para dizer ao meu colega de trabalho que eu estava aprendendo que psicologia é uma ciência exata, quase igual à matemática, bastando acrescentar os elementos corretos nas fórmulas adequadas que os resultados são quase que precisamente previsíveis. A questão primordial, porém, é encontrar as fórmulas e os elementos corretos!

Assim, com base no entendimento que estas analogias e exemplos podem nos proporcionar, para quem observa que tem obtido resultados aquém dos esperados, desproporcionais aos montantes investidos, ou esteja buscando por algo realmente novo, ou ainda que tenha o espírito curioso e aventureiro, talvez essa busca por novos elementos de análise e novas fórmulas de aplicação seja uma oportuna alternativa para se chegar a resultados mais certeiros e campanhas mais eficazes.

Com a intenção de poder contribuir com essa questão, de minha parte posso dizer que foi nos estudos feitos no universo dos conceitos e abordagens junguianas, mais precisamente nos aspectos dos tipos psicológicos, que descobri algumas pérolas de conhecimento que podem ser muito úteis e práticas para aprimorar algumas fórmulas e trazer outros novos elementos a serem considerados e analisados, apresentando uma nova direção ainda não trilhada e que podemos agora desbravar.

Então, como dizem os psicólogos: "Vamos ressignificar os comportamentos e a divisão entre os tipos de personalidade"! Ótimo! Isso é novidade! E é disso que trata este livro.

Considerando que o desafio foi aceito, a partir de agora talvez seja possível para nós conhecer um pouco melhor de onde vêm os desejos mais íntimos e velados, ocultos para o próprio indivíduo, que o faz mover nas direções que se movem, mesmo que não admitam. Ou seja, talvez consigamos conhecer nossos públicos melhor do que eles mesmos se conhecem, podendo identificar e "prever" o que os agradará e fará com que se sintam mais atraídos e predispostos a responder positivamente a nossos produtos ou estratégias.

Atenção! Para olhares desavisados, isso poderá, ao final, parecer mágica... ou bruxaria!

Outro aviso que poderia se encaixar aqui, como tudo que é prejudicial quando usado exageradamente: "USE COM MODERAÇÃO!"

E eu acrescentaria aqui... "para não adentrar aos domínios da manipulação prejudicial". Como Michael Solomon bem nos lembra, em seu livro Comportamento do Consumidor, "lamentavelmente, há momentos em que as atividades de marketing, deliberadamente ou não, estimulam ou tiram proveito dessas falhas humanas". Assim, sejamos responsáveis e tenhamos a intenção de utilizar novos conhecimentos para o bem equilibrado de todos. Como Peter Parker, o Homem-Aranha, pôde descobrir, de forma dolorosa, ao ouvir seu tio Ben, antes deste morrer em seus braços: "Grandes poderes trazem também grandes responsabilidades"!

@ / $

QUE COMECEM OS JOGOS!

Ótimo! Temos agora algumas boas pistas de onde poderemos encontrar novos conhecimentos e como se tornará possível desenvolver análises mais profundas e corretas. Contudo, na prática, pode parecer um trabalho um pouco complicado, que exigiria provavelmente alguns anos de pesquisas e experimentações orientadas por especialistas na área da psicologia e demandaria um esforço considerável, atrelado a um orçamento custoso para realizar tais atividades. Apesar de já termos as pistas, encontrar o caminho mais eficaz seria como tentar encontrar algum estabelecimento em uma cidade, sabendo-se apenas o bairro onde se situa e tendo-se em mãos um mapa sem os nomes das ruas. Uma grande jornada a ser trilhada antes que fosse possível começar a colher alguns frutos.

Porém, a ótima notícia é que Jung já trilhou essa jornada por nós e descreveu, com sua linguagem profunda e detalhada, os resultados de suas pesquisas e descobertas. Assim, podemos nos apropriar de todo esse trabalho para aplicarmos em nossas questões de comportamento do consumidor. Ou seja, apesar de o assunto estar parecendo um pouco complicado até aqui, a partir de agora, que sabemos que o trabalho mais complexo e demorado já foi feito, a linha de raciocínio fica mais fácil e objetiva, bastando surfar na crista da onda dos conhecimentos já descobertos por Jung, aplicando-os adequadamente às técnicas já conhecidas na direção de atingirmos nossos objetivos.

Assim, para nos situarmos a respeito de qual caminho percorreremos em nossa jornada, nas páginas que se seguirão, esclareço que os estudos realizados e apresentados neste livro fundamentaram-se nas teorias de Gestão de Desenvolvimento de Produtos, de Comportamento do Consumidor e da Psicologia Jungiana. Após isso, as teorias desses domínios foram confrontadas entre si, de forma a ser possível adicionar-se as influências dos tipos psicológicos aos principais fatores de influência do comportamento de compra do consumidor. Dessa interação, pôde-se observar como as características psíquicas dos tipos psicológicos de Jung são capazes de afetar todos os níveis da percepção humana, inclusive a percepção dos outros fatores de influência em si mesmos, gerando uma cadeia de distorções da percepção em relação a produtos, campanhas e posicionamentos. Observou-se também como as teorias atuais de comportamento do consumidor não consideram as particularidades desses fatores de influência e podem não contemplar principalmente os tipos introvertidos, de modo que as pesquisas de mercado respondidas por esses tipos psicológicos podem não ser totalmente confiáveis.

Mais à frente em nossa leitura, no tópico "Os Tipos Psicológicos" será apresentado um grande resumo, porém descrito de forma detalhada, dos perfis e características de cada tipo e como percebem e reagem à realidade que os circunda. Após analisar esse resumo, será possível compreender os processos internos que se desencadeiam constantemente em cada tipo psicológico. Após isso, veremos alguns exemplos de como essas características podem interferir nos princípios de marketing utilizados atualmente, alterando a reação esperada.

Evidentemente, ensaios mais aprofundados e muitos experimentos práticos especificamente direcionados podem derivar destes primeiros estudos, de forma a expandir e apresentar novas possibilidades para o tema. O presente livro tem como objetivo abrir as portas para essa nova visão, refratando a direção na qual temos caminhado até aqui e apresentando uma nova forma de pensar e interagir nesse oceano de marés contraditórias formadas pela interação entre os objetivos que buscamos atingir, os benefícios possíveis para ambos os lados e os sentimentos e comportamentos de quem vai pagar por tudo isso.

Para ilustrar essas novas possibilidades e nossa capacidade de expansão contínua, cito a seguir, como exemplo, a história da evolução guitarra, esse instrumento tão carismático no mundo da música, que tem levado sua peculiar sonoridade a praticamente todos os estilos musicais da atualidade. Em uma descrição resumida, poderemos observar a capacidade de desenvolvimento e renovação, tanto do instrumento em si, quanto das sonoridades e contribuições musicais que puderam ser obtidas a partir desse desenvolvimento físico.

Retornemos quatro mil anos na história da humanidade, no antigo Egito, de onde, segundo arqueólogos, procede o primeiro instrumento de cordas com braço e corpo. O instrumento consistia em uma harpa com tigela, possuindo um graveto preso a uma concha de tartaruga ou um corpo de madeira entalhado, com tripa de animais tensionadas ou cordas de seda. Era um instrumento rudimentar, muito diferente do que concebemos com uma guitarra nos dias de hoje. Porém lá estava seu ancestral mais antigo. Foram necessários aproximadamente mil anos para que esse instrumento evoluísse para o tanbur, onde já se via um braço mais comprido com trastes, algo mais parecido com as guitarras mais antigas. Muito tempo depois, os mouros, tendo desenvolvido sua própria concepção deste tipo de instrumento, levaram seu oud para a Espanha, que consistia de um instrumento curto e fino, sem trastes, com muitas cordas, cravelhas e um corpo grande e redondo. Os europeus acrescentaram trastes ao oud, criando o alaúde, que foi o precursor do violão na música europeia. A evolução física do instrumento possibilitou, por sua vez, uma evolução cultural e comportamental de artistas da época. Pode-se observar personagens tocando alaúde em muitas pinturas renascentistas, representados com roupas elaboradas, calças justas e cabelos longos, o que pode nos indicar que teriam sido os primeiros astros do rock da Europa antiga! Muito tempo depois, chega na Espanha um instrumento com braço longo e achatado, corpo plano e uma cintura estreita, com pinos de afinação e uma cabeça levemente inclinada. Era o chartar, instrumento originário da Ásia Central. Enquanto astros pop balançavam seus alaúdes nos palcos europeus, a chitarra, nome com o qual o chartar ficou conhecido na Espanha, foi sofrendo adaptações e aperfeiçoamentos, inclusive pelos italianos, que adotaram o padrão de afinação utilizado até os dias de hoje. Foi a chitarra, com suas possibilidades práticas, que trouxe a alteração de curso mais disruptiva, possibilitando o surgimento da tão aclamada guitarra dos dias de hoje. A partir daí, há muitas pequenas inovações e melhorias que possibilitaram a guitarra elétrica a se tornar o que é atualmente.

Um ponto que acho importante nessa história é o aspecto da musicalidade inerente às possibilidades de cada versão física do instrumento. De acordo com as características físicas de um instrumento, são desenvolvidas linhas musicais específicas, pensando em explorar o máximo de suas possibilidades. Conforme a concepção física evolui, o aspecto artístico acompanha, explorando as novas possibilidades e criando também novas concepções de sonoridade e musicalidade. Segue-se a isso a evolução cultural e comportamental. Exemplo disso são os mega shows de pop e rock em lugares muito amplos, possíveis de ocorrer graças à portabilidade das guitarras e seu sistema de captação elétrica.

Porém, o fenômeno mais curioso ocorre quando há uma evolução, devido a alguma mudança de atitude e abordagem, sem que tenha havido alguma evolução física no instrumento. Para ilustrar esse fenômeno, cito o exemplo de Jimi Handrix. Quando a guitarra e suas possibilidades já estavam estabelecidas e exploradas por vários músicos dedicados, parecendo que pouco a mais poderia ser extraído, Jimi Hendrix surgiu recriando a forma de tocar, mostrando o que realmente era possível fazer com a guitarra e quais sonoridades mais poderiam ser extraídas além do que já se conhecia até então. A partir daí, várias outros músicos usufruíram desse conhecimento, explorando e aprimorando as inúmeras possibilidades da nova técnica apresentada. Outro exemplo foi o guitarrista Eddie Van Halen. Quando novamente tudo parecia dominado e nada de novo mais poderia ser acrescentado, quando toda sonoridade da guitarra parecia já ter sido explorada, Eddie Van Halen se destaca e reinventa a forma de tocar as notas de sua guitarra, apresentando possibilidades nunca antes imaginadas pelos guitarristas anteriores, expandindo ainda mais as técnicas possíveis e a sonoridade que poderia ser obtida na guitarra.

Atualmente, o universo das guitarras traça seu curso e, com suas concepções físicas já estabelecidas, inúmeras técnicas já desenvolvidas, podemos continuar pensando – Ah! Agora sim, tudo o que poderia ser obtido com a guitarra já foi criado! - Porém, esse seria um pensamento similar ao de Thomas Watson, presidente da IBM em 1943, quando avaliou haver talvez um mercado para apenas cinco computadores, ou ao de Ken Olson, presidente e fundador da Digital Equipment Corp. em 1977, ao considerar, na ocasião, não haver razão nenhuma para alguém querer um computador em casa. Porém, creio que o universo da evolução e das sincronicidades está apenas aguardando, velada e silenciosamente, pela próxima revolução da guitarra e da forma de tocá-la, trazida por alguém que esteja buscando por novos caminhos e resultados, acreditando sempre haver espaço para a possibilidade de algo novo!

Esse breve histórico nos mostra que sempre há a possibilidade de acrescentarmos algo totalmente novo em alguma prática ou domínio de conhecimento, mesmo que tudo nos leve a crer no contrário.

Inovações não precisam ser grandes ou complexas. Ainda que a inovação adicionada pareça ser pequena, mais à frente pode produzir grandes mudanças no curso da história. É com essa postura e esperança que trago aqui este novo conhecimento e abordagem, que poderá acrescentar mais precisão aos resultados das análises do comportamento de consumidores e, consequentemente, do nosso público-alvo.

Em outras palavras, o que vem por aí é uma viagem de novas descobertas e pura emoção!

@ / $

PARTE 1

A Psicologia no Marketing

Universo Racional Hemisfério Cerebral Esquerdo

DESENVOLVIMENTO DE PRODUTOS

Para começar, apresentarei uma visão geral do processo de desenvolvimento de novos produtos. Isso será útil principalmente para estudantes e recém-iniciados na área. São vários os desafios que permeiam todas as etapas deste processo e já poderemos observar de antemão que, além de custosas pesquisas e muito trabalho técnico, os aspectos psicológicos do ser humano, no que tange às percepções de mundo e de si mesmo, influenciam bastante na receptividade e aceitação de produtos que chegam para aumentar as possibilidades de escolha nas prateleiras. Evidentemente será uma abordagem simplificada, considerando o que se tem praticado até os dias de hoje, incluindo alguns exemplos que nos darão a ideia dos fatores envolvidos e seu nível de importância rumo ao tão almejado sucesso.

Para empresas que desejam ter uma vida longa e sustentável é necessário que conquistem uma posição significativa e de destaque perante o mercado em que atuam. Para isso é fundamental que exerçam a capacidade de criar novos produtos que atendam adequadamente e de forma satisfatória a esse mercado. Segundo a visão de Philip Kotler, um dos mais respeitados autores na área de marketing, o desenvolvimento de novos produtos molda o futuro de uma empresa, podendo transformar setores da economia, além de mudar vidas. Assim, em uma economia em rápida transformação, a inovação contínua é uma questão de necessidade. Para o autor, os consumidores desejam novos produtos e os concorrentes farão o possível para atendê-los. Em tempos em que se caçam clientes a laço e que todo detalhe faz a diferença, esse fato se torna realmente relevante para a sobrevivência. De acordo com Kotler, "produto é qualquer coisa que possa ser oferecida a um mercado para atenção, aquisição, uso ou consumo, e que possa satisfazer a um desejo ou necessidade". Outros autores, como McCarthy e Perreault Jr., definem produto como sendo "a oferta de uma empresa com o intuito de satisfazer a uma necessidade". Por sua vez, Richard J. Semenick e Gary J. Bamossy definem produto como sendo "um conjunto de atributos tangíveis e intangíveis que proporciona benefícios reais ou percebidos com a finalidade de satisfazer as necessidades e os desejos do consumidor". Os autores Irigaray, Vianna, Nasse e Moreira Lima, em seu livro que compõe o curso de Gerenciamento Estratégico em Marketing da Fundação Getúlio Vargas, evidenciam que as empresas estão realmente oferecendo e vendendo "a satisfação, o uso ou o benefício desejado pelo consumidor". Afirmam ainda que um produto deveria ser a solução para uma necessidade, real ou latente, de seus consumidores. Segundo a teoria de Abraham Maslow, quando um consumidor compra algum produto ou serviço, ele está buscando suprir uma carência que pode estar estabelecida em qualquer um dos diferentes estágios na sua hierarquia de prioridades. Conforme sua teoria, as necessidades dos indivíduos são priorizadas de acordo com uma escala hierárquica de níveis, de forma que se busca atender cada nível conforme o anterior é satisfeito. Para Irigaray, Vianna, Nasse e Moreira Lima, a teoria de Maslow é fundamentada em três hipóteses:

1. temos diferentes necessidades que podem ser hierarquizadas segundo sua importância;

2. procuramos satisfazer a necessidade que nos pareça mais importante; e

3. uma vez satisfeita a necessidade mais importante, procuramos satisfazer a necessidade seguinte.

Como é possível observar, as definições e teorias consideram aspectos como necessidades percebidas ou latentes, desejos, carências, atributos intangíveis e benefícios percebidos, aspectos estes que, em uma análise mais profunda, geralmente envolvem questões individuais muito complexas e podem transitar por domínios inconscientes e desconhecidos do próprio indivíduo, jazendo em qualquer um dos inúmeros níveis do consciente ou inconsciente humano. Talvez por isso seja tão difícil acertar o alvo, mesmo empenhando tanto esforço e investimento.

Há realmente muitas possibilidades para o que pode ser considerado como novo produto, incluindo inovações que criam um mercado totalmente novo ou pequenas atualizações e melhorias em produtos já existentes, com o objetivo de melhor fidelizar o mercado já conquistado ou ampliá-lo. Há ainda várias possibilidades entre estes dois extremos. O que vemos mais comumente na prática é a melhoria ou atualização do que já existe no mercado e extensões de marca.

Já há alguns anos, Kotler afirmava que dezesseis mil novos produtos eram introduzidos no mercado a cada ano, apesar disso apenas dez por cento eram verdadeiramente inovadores, citando ainda seis categorias para essas tentativas de inovação, identificadas pela empresa de consultoria Booz, Allen & Hamilton:

a - produtos novos para o mundo – criam um mercado totalmente novo;

b - novas linhas de produtos – inserem a empresa em mercados já existentes;

c - acréscimos às linhas de produtos já existentes – complementam as linhas de produtos já existentes;

d - melhorias de produtos existentes – melhoram o desempenho ou aumentam a percepção de valor de produtos anteriores;

e - reposicionamento – produtos colocados em novos mercados ou segmentos;

f - reduções de custos – apresentam custos mais baixos com o mesmo desempenho.

Para Kotler, os produtos são vulneráveis às mudanças das necessidades e gostos dos consumidores, às novas tecnologias, aos ciclos de vida mais curtos dos produtos e ao aumento da concorrência global. No que tange o comportamento mais íntimo e não gerenciável das pessoas enquanto consumidoras, relembremos que os seres humanos estão em constante amadurecimento e evolução, o que naturalmente os leva a perceberem mudanças paulatinas, ou mesmo repentinas, em algumas de suas necessidades e preferências, devido a motivos internos e desconhecidos mesmo para si mesmos, conforme já citado. Podemos perceber aqui a importância de se conhecer algo a mais sobre as necessidades e desejos mais profundos e intrínsecos dos consumidores, enquanto indivíduos.

Sucesso ou Fracasso

Kotler nos acautela ainda de que o desenvolvimento de novos produtos é realmente arriscado, havendo empresas que gastam milhares de dólares antes de abandonar grandes projetos de inovação ou extensões de marca. O autor afirma que novos produtos continuam fracassando a uma taxa impressionante e cita a estimativa dos autores Cooper e Kleinschmidt de que cerca de setenta e cinco por cento dos novos produtos fracassam após seu lançamento. Mike Baxter, em seu livro "Projeto de Produto", classifica em três grupos os diversos fatores que determinam o sucesso ou fracasso no lançamento de novos produtos, conforme pode ser visto na Figura 01.

Figura 01: Fatores que determinam o sucesso do lançamento de novos produtos, segundo Mike Baxter.

Kotler lista alguns fatores que podem ser responsáveis pelo fracasso de novos produtos, como: pesquisas mal interpretadas; tamanho do mercado superestimado; produto mal desenhado; produto posicionado incorretamente no mercado, não divulgado de forma eficaz ou com preço muito alto; custos do desenvolvimento superiores ao esperado; reação da concorrência maior do que previsto.

O autor cita também alguns outros fatores que prejudicam o desenvolvimento de novos produtos, como:

1. Mercados fragmentados – devido à concorrência, os segmentos estão ficando cada vez menores, diminuindo as margens de lucro;

2. Restrições sociais, econômicas e governamentais – produtos novos devem atender a requisitos de segurança do consumidor, a preocupações ambientais e a severas restrições de produção;

3. Aumento do custo de desenvolvimento;

4. Escassez de capital para o desenvolvimento das pesquisas;

5. Necessidade de menor prazo para o desenvolvimento – devido à crescente concorrência e ao desenvolvimento tecnológico, as empresas têm que acelerar os processos de criação;

6. Tempo de lançamento inapropriado – novos produtos são lançados após a categoria já ter deslanchado ou quando ainda há pouco interesse;

7. Ciclos de vida dos produtos mais curtos – os rivais são tão rápidos em copiar os produtos que seu ciclo de vida se torna consideravelmente mais curto; e por fim,

8. Falta de suporte organizacional – possibilidade de o novo produto não se encaixar na cultura da empresa, ou talvez não receber apoio financeiro ou suporte necessários.

Ainda quanto a fatores responsáveis pelo fracasso, acrescento aqui os fatores já mencionados no tópico "Mais Consciência e Imprecisão do Sucesso", onde cito o resultado de uma análise de fatores de risco no lançamento de novos produtos que identificou falhas para atrair o público em metade dos casos analisados, sendo na sua maioria por incapacidade de atração e de despertar o desejo de compra. Ou seja, alguma coisa que "não pega" lá dentro do inconsciente do indivíduo ou não toca seu "ponto G de compra"!

Não podemos nos esquecer também que a maior faculdade que o

ser humano utiliza para perceber o mundo ao seu redor é a visão. Temos uma tendência a sermos seduzidos pela visão e seus apelos. Somos atraídos pelo que é belo e tem boas proporções. A percepção da beleza tem bases tanto pessoais quanto sociais, mas segundo estudos, tem relação com uma sensação de atração formada no cérebro antes mesmo de nascermos. Podemos dizer que atribuímos a qualidade de beleza quando a percepção de algo nos gera, de forma inconsciente, a sensação de algum tipo de prazer. Pesquisas efetuadas por psicólogos infantis britânicos mostram que bebês nascem com um senso de beleza que se desenvolve já no útero, como parte de uma habilidade inata de reconhecer rostos. A pesquisa, efetuada na Universidade de Exeter, apresentou a bebês recém-nascidos fotos de rostos considerados mais atraentes e outros considerados menos atraentes por adultos. O resultado foi que os bebês passavam oitenta por cento do tempo admirando as faces mais atraentes.

Obviamente, esses fatores da beleza aplicam-se também aos aspectos da percepção de produtos por consumidores. Nesse âmbito, Mike Baxter afirma que, sendo a percepção humana amplamente dominada pela visão, é natural que a percepção do estilo esteja atrelada predominantemente ao estilo visual de um produto. O autor cita que há um primeiro momento na fase da percepção do produto, chamada de pré-atenção, que antecede a atenção visual. Nessa fase, percebe-se o produto de uma forma geral, não se capturando detalhes do produto. Em seguida ocorre a atenção visual, onde se passa a prestar atenção ao produto de forma deliberada. Baxter cita ainda a hipótese visual, uma interessante capacidade da mente humana de construir hipóteses visuais para compreender ou explicar informações ambíguas ou incompletas, que são projetadas no objeto percebido.

Em adição, abordando outro aspecto das informações e sensações produzidas por meio da visão, João Gomes Filho, em seu livro "Gestalt do Objeto", avalia que a percepção humana é regida também pelas leis da Gestalt – um grupo de teorias formuladas por psicólogos alemães por volta de 1910, que explica como a mente humana constrói a percepção a respeito das coisas ao seu redor. Segundo essas teorias, uma das características mais evidentes da percepção é a habilidade do ser humano em perceber simetrias em formas complexas, diz também Baxter. Relacionada a essa habilidade existe a facilidade da mente humana em detectar as formas geométricas mais simples do que outras irregulares ou complexas. Baxter refere-se ainda a um estudo realizado pelo psicólogo canadense Daniel Berlyne, cujo resultado foi o desenho de uma curva que representa o nível ótimo de complexidade associado à capacidade máxima de atração de um produto, conforme pode ser visto na Figura 02.

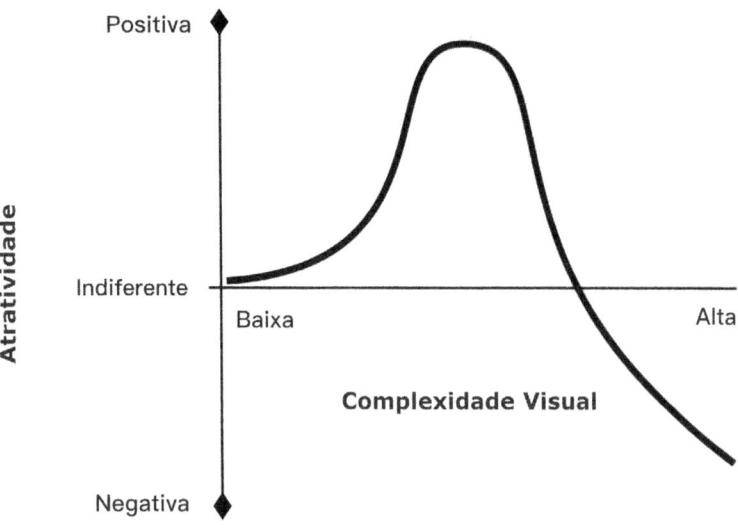

Figura 02: Complexidade versus Atratividade em novos produtos. Fonte: "Projeto de Produto – Guia para o desenvolvimento de novos produtos", publicado pela editora Blücher.

Produtos menos complexos do que esse ponto ideal de complexidade, apesar de aumentarem a segurança por parte dos consumidores, tendem a ser percebidos como monótonos ou de baixa qualidade. Podem exercer uma atração imediata, mas esta se desvanece rapidamente. Produtos mais complexos do que o ponto ideal tendem a provocar insegurança nos consumidores. Apesar disso, pessoas mais instruídas tendem a aceitar um maior nível de complexidade. Baxter acrescenta que a principal causa da atração visual não é a complexidade intrínseca de um produto, mas sim a complexidade percebida pelo consumidor. Aqui reforçamos nossa compreensão de como sempre se trata mais da percepção do que da própria realidade em si. Esse fato me lembra muito uma frase que ouvi uma vez em meu local de trabalho há uns bons anos atrás: "As coisas não são o que são, são o que parecem ser!" Ou seja, para o público em geral, a realidade que é percebida se torna uma experiência muito mais concreta e real do que a própria realidade das coisas. É interagindo com essas realidades percebidas, e não com os fatos reais propriamente ditos, que a maioria das pessoas desenvolve suas experiências e constrói seus conceitos e avaliações sobre quase tudo que as circunda. Sendo assim, pode-se trabalhar para que um produto intrinsecamente complexo seja percebido como mais simples, buscando se aproximar desse nível ideal de complexidade.

"As coisas não são o que são, são o que parecem ser".

Autor desconhecido.

Outro aspecto muito interessante é o significado simbólico do produto. Baxter afirma que os objetos transmitem um significado simbólico ao observador. Segundo o autor, a compreensão do conteúdo simbólico dos objetos alarga o conhecimento sobre o estilo dos produtos. Como exemplo, um produto pode parecer familiar, mesmo tendo formas estranhas, se simbolizar algo que é familiar ao consumidor. O cérebro buscará na memória emoções e sentimentos ligados a outros objetos semelhantes.

A habilidade – bem desenvolvida nos seres humanos – de perceber expressões faciais nos objetos é outra característica da percepção humana citada por Baxter. Para reforçar essa afirmação, retomo aqui a pesquisa efetuada na Universidade de Exeter, já citada anteriormente, onde observou-se que bebês recém-nascidos já distinguem e preferem imagens de rostos considerados atraentes também por adultos. A atratividade aqui significa a simetria dos traços, algo que tem sido confirmado por estudos entre várias culturas. A pesquisa demonstrou que este senso de beleza se desenvolve ainda no útero como parte de uma habilidade inata de reconhecer rostos humanos. Outra pesquisa, realizada por uma equipe da Universidade de Lancaster na Inglaterra, acompanhou o desenvolvimento visual dos bebês dentro do útero. A constatação foi que o feto já é capaz de demonstrar interesse por formas que lembram o rosto humano a partir da trigésima quarta semana de gestação. Para chegar a essa conclusão, os pesquisadores projetaram um padrão de luz de três pontos, formando dois olhos acima e uma boca mais abaixo, através da parede uterina. Então, por meio de um ultrassom, observaram as reações dos fetos, que giraram a cabeça na direção da imagem projetada, demonstrando interesse. Para ter certeza de que não era qualquer padrão que estimulava os bebês, os pesquisadores inverteram os três pontos, formando um triângulo com a ponta para cima. Com esse padrão, a resposta foi diferente. Os bebês demonstraram menos interesse. Ou seja, já dentro do útero, somos capazes de reconhecer o padrão do rosto humano e fazemos isso de um modo instintivo, o que é primordial para nossa sobrevivência ao nascer.

Um outro estudo sobre a beleza facial foi publicado na revista *Personality and Social Psychology Bulletin*. Nesse estudo, pesquisadores conduziram uma série de experimentos, utilizando rostos masculinos, e observaram que as expressões faciais influenciam bastante a percepção de traços como confiabilidade e simpatia. Contudo, tais expressões não interferem na percepção sobre capacidade física. O estudo apontou ainda que, por sua vez, a percepção de força física é obtida por meio da estrutura facial observada, como por exemplo uma face larga. Assim, podemos observar que expressão e estrutura faciais se complementam na composição das percepções de atributos de caráter em conjunto com capacidade física. Como resultado, pessoas com expressões mais simpáticas foram percebidas como sendo mais confiáveis como gestores financeiros, enquanto pessoas com face mais larga foram indicadas como melhores em atividades físicas.

Pois bem, segundo Baxter ainda, pode-se reconhecer idade, gênero, estados de humor e emoções, que podem expressar alegria, tristeza, indiferença ou desprezo, por exemplo. Assim, as características faciais se projetam em muitos tipos de produtos. O autor cita os exemplos de um carro norte-americano que foi rejeitado pelo mercado japonês por seu desenho frontal parecer não estar "sorrindo", e o Ford Scorpio, lançado na Inglaterra em 1994, que foi comparado a uma pessoa que tinha acabado de ver um fantasma.

Uma última característica da percepção humana citada por Mike Baxter, e que nos interessa aqui, é a capacidade intrínseca da percepção humana de identificar nos objetos a Proporção Áurea.

1. A proporção áurea é produzida pela seção áurea, que é a maneira matematicamente perfeita de se dividir uma linha em duas porções. Para exemplificar, ao se seccionar uma linha de 100 cm, seccionando-se essa linha na proporção de 0,618 de seu comprimento, obtêm-se dois pedaços de linha, um de 61,8 cm e outro de 38,2 cm. O pedaço de 38,2 cm, por sua vez, representa a proporção de 0,618 do outro pedaço de 61,8 cm. Se continuarmos seccionando as linhas restantes nessa mesma proporção, essa relação se repetirá até o infinito. Essa proporção está presente de forma abundante na natureza, determinando desde o número de galhos e folhas de uma árvore, até complexos desenhos de formas orgânicas, como a dos caracóis e conchas marinhas.

    Como essa proporção está abundantemente presente na natureza, é natural que o ser humano sinta-se atraído por ela. Os antigos gregos já conheciam a proporção áurea e faziam uso dela, como na fachada do Partenon, de Atenas. Michelangelo, entre outros pintores, também utilizou a proporção áurea em suas pinturas, como na sua obra sobre a Criação de Adão, na Capela Sistina. Assim, a forma perfeita dos produtos estaria de acordo com a seção áurea e essa perfeição estaria associada à habilidade inata do ser humano em reconhecer as formas da natureza. Um exemplo dessa aplicação é a propaganda do automóvel Nissan QX. Como o produto real não segue a proporção áurea, provavelmente por limitações de medidas antropométricas, o desenho aplicado na sua propaganda seguiu exatamente a seção áurea.

Figura 03: Automóvel Nissan QX em suas proporções verdadeiras (esquerda) e como apareceu nos desenhos de propaganda (direita), de acordo com a Seção Áurea.

Fonte: "Projeto de Produto – Guia para o desenvolvimento de novos produtos", publicado pela editora Blücher.

Na Figura 03 pode-se ver, à esquerda, a proporção real do produto e, à direita, o desenho em proporções modificadas de acordo com a proporção áurea, que foi divulgado em jornais, de modo a se tornar mais atrativo. Segundo o autor, essa regra pode ser aplicada diretamente, quando se busca uma forma perfeita para os produtos, pois os padrões presentes na natureza podem satisfazer o instinto primitivo que existe na mente subconsciente dos consumidores.

Em adição, Kotler apresenta outras formas, mais externas e práticas, de se influenciar a percepção dos consumidores em relação aos produtos, evidenciando suas características por meio da diferenciação competitiva. O autor define também como características os aspectos que complementam a função básica do produto. Kotler cita alguns casos, como o da aspirina Bayer, que "entra mais rápido na corrente sanguínea", e os frangos Frank Perdue, que "são melhores porque são mais macios". Outras características que podem também ser oferecidas como diferenciação são: desempenho, durabilidade, confiabilidade, facilidade de conserto, estilo e design.

Assim, conhecidos os vários aspectos atuantes e influenciadores da percepção que se pode ter da realidade e, consequentemente, de produtos e serviços que nos são oferecidos, podemos observar como a vida tem uma plasticidade moldável, apresentando-se de forma diferente para cada pessoa; e como a percepção é ativa, ou seja, é construída dentro do íntimo de cada indivíduo de acordo com a composição do complexo tecido psicológico que traz dentro de si. Essa divergência de percepções entre os indivíduos é um excelente aspecto para se estudar também no ramo de aconselhamento de relacionamentos em crise, pois grande parte dessas adversidades entre pares provém dessa divergência de percepção das realidades, que se tornam paralelas, mas que se tenta viver em conjunto. Então, se atualmente você se encontra em algum tipo de crise de relacionamento, afetivo ou em seu ambiente de trabalho, uma boa dica é buscar compreender quais são os fatores influenciadores das percepções da pessoa em questão, como ele ou ela enxerga sua respectiva realidade e em que aspectos essa visão diverge da concepção que você tem de sua própria realidade. Os fatores influenciadores inerentes aos tipos psicológicos serão apresentados no respectivo tópico, mais à frente. Bom, mas aqui nosso foco é compreender indivíduos enquanto públicos consumidores potenciais. Desse modo, o que podemos concluir é que é possível, até uma boa parte do caminho, construir uma percepção favorável na mente do nosso público-alvo, de modo a influenciar sua percepção e preferência, desvendando quais são suas necessidades e desejos mais inconscientes e demonstrando que podemos atendê-lo. Para isso, utilizaremos as várias formas de comunicação de que dispõem nossos produtos ou serviços, desde sua própria concepção visual e funcional, até as várias possibilidades de divulgação dos mesmos, construindo mensagens que capturem a atenção, tanto de forma consciente, como inconsciente.

@ / $

COMPORTAMENTO DO CONSUMIDOR

No final das contas, independentemente de qual seja o fato que motivou a criação de um novo produto ou serviço, o resultado passará necessariamente pelo crivo de sua capacidade em atender alguma necessidade, desejo ou anseio do mercado para o qual será direcionado. Essas necessidades, desejos e anseios podem estar nas camadas mais externas e práticas, ou nas mais internas, derivadas de valores adquiridos ou construídos, visão de mundo, crenças e conceitos sobre si mesmo. Um novo produto obtém sucesso quando é desejado, quando se apresenta como a melhor opção ou a única disponível que atenda às necessidades dos consumidores. Para que seja possível desenvolver na mente dos consumidores uma percepção positiva do produto ofertado, de forma que seja possível influenciar suas decisões, é necessário ter conhecimento das necessidades, percebidas ou latentes, dos indivíduos. Assim, é importante que se conheça aqui, primeiramente, o que já se sabe sobre a percepção e as motivações já conhecidas que levam os consumidores a comprar, ou não, os diversos produtos disponíveis no mercado.

Para apresentar uma visão geral sobre o assunto, comecemos por alguns conceitos e visões de autores já conhecidos. Dentro da gama de conhecimentos relacionados ao tema, procurarei enfatizar os aspectos que influenciam o indivíduo nos seus processos mais perceptivos e internos de decisão, uma vez que são esses processos que quero apresentar no presente livro.

Michael Solomon, em seu livro *Comportamento do Consumidor*, descreve o termo como sendo "o estudo dos processos envolvidos quando indivíduos ou grupos selecionam, compram, usam ou dispõem de produtos, serviços, ideias ou experiências para satisfazer necessidades e desejos". Para o autor, o tema não se resume ao ato de comprar coisas, abrangendo também a investigação sobre como nossas vidas são afetadas ao se possuir algo, ou não possuir. Solomon cita ainda como bens materiais influenciam o modo como nos sentimos em relação aos outros e a nós mesmos, incluindo nosso estado de espírito. Porém, em contrapartida, e como consequência direta dessa afirmativa, é lógico concluir que o estado de espírito e a forma como os indivíduos se sentem em relação a si mesmos e aos outros influenciam diretamente, enquanto consumidores, o modo como percebem e avaliam os bens que se oferecem à aquisição. Como, por exemplo, um indivíduo que teve uma infância sofrida e desenvolveu uma crença constante de não ser merecedor de boas coisas. Assim, esse indivíduo, mesmo tendo progredido na vida e conquistado uma boa estabilidade financeira, ao se deparar com a diversidade de produtos na prateleira, pode acabar optando pelo produto de menor qualidade, devido a sentir que aquele produto top de linha "não combina com seu jeito de ser", ou simplesmente "não é para ele". O oposto também pode ocorrer, quando o indivíduo nasce em berço de ouro e, ao longo do tempo, perde o suporte financeiro da família, não conseguindo também se desenvolver com sucesso em alguma carreira profissional. Esse indivíduo tenderá a escolher os melhores e mais caros produtos nas prateleiras, mesmo que isso possa lhe ocasionar transtornos em sua vida financeira e com o gerente do seu banco. Esses são dois exemplos bem simples, porém no tópico Tipos Psicológicos veremos que as imagens internas e os caminhos por meio dos quais se elaboram os processos psicológicos de cada pessoa podem causar influências e tendências muito mais sutis, contudo definitivas em seu comportamento e percepção.

Kotler afirma que nunca foi simples entender o comportamento dos consumidores, pois eles podem declarar suas necessidades e desejos, mas agem de maneira diferente às suas próprias declarações, uma vez que eles mesmos podem não estar cientes de suas motivações mais profundas. O autor observa que muitos fatores podem influenciar o comportamento de compra do consumidor.

Michael Solomon, em concordância à observação de Kotler, salienta que uma visão mais abrangente do processo de consumo inclui as questões que influenciam o indivíduo consumidor antes, durante e após o ato da compra. Segundo o autor, no período que antecede à compra, sob o aspecto do consumidor, pode-se considerar as seguintes questões:

- Como o consumidor constata que precisa de um produto?

- Quais são as melhores fontes de informação para saber mais sobre as opções?

No momento da compra, as questões são:

- A aquisição de um produto é uma experiência estressante ou agradável?

- O que a compra diz sobre o consumidor?

Questões consideradas no período pós-compra:

- O produto traz satisfação ou desempenha a função pretendida?

- Como o produto é finalmente descartado e quais são as consequências desse ato para o meio ambiente?

Já sob o aspecto dos profissionais de marketing, as questões a se considerar nos três momentos podem ser as seguintes:

Período pré-compra:

- Como as atitudes do consumidor são formadas e/ou modificadas?

- Que pistas os consumidores utilizam para identificar quais produtos são superiores aos outros?

Momento da compra:

- De que forma os fatores situacionais, como falta de tempo ou os mostruários das lojas, afetam a decisão de compra do consumidor?

Período pós-compra:

- O que determina se um consumidor ficará satisfeito com um produto e voltará a comprá-lo?

- Essa pessoa conta aos outros sobre suas experiências com o produto e influencia as decisões de compra deles?

Apesar da lista de fatores influenciadores da compra incluir uma boa quantidade de itens, acredito que os mais importantes sejam realmente os fatores que antecedem à compra. Uma vez que esses fatores sejam suficientemente convincentes para o indivíduo consumidor, este, decidindo o que quer e qual marca quer, fará tudo que estiver a seu alcance para adquiri-lo. Em complementação à sua lista de fatores influenciadores, Solomon acrescenta que as necessidades e os desejos a serem satisfeitos podem variar de sede e fome a amor, status ou realização espiritual, havendo também muitos casos onde se desenvolvem paixões por uma ampla variedade de produtos e marcas. Nestes casos, muitos consumidores se tornam fãs de marcas e produtos. Geralmente, estes são os maiores casos de sucesso de posicionamento, compreensão e atendimento das necessidades e desejos do consumidor. Um bom exemplo disso são as dificuldades a que os fãs do iPhone se submetem para serem os primeiros a adquirir seus novos lançamentos, chegando a passar a madrugada acampados em meio a enormes filas em frente à loja para garantirem seu exemplar e, além disso, pagando um preço elevado pelo produto. Podemos considerar esses casos como um bom exemplo da forma eficaz com que os fatores influenciadores antecedentes à compra foram trabalhados. Nesse caso, tais fatores foram predominantemente psicológicos e emocionais. O que torna essa conclusão mais evidente é o fato de que, se efetuarmos uma análise mais técnica, poderemos observar que, se alguns benefícios reais e práticos oferecidos pelo iPhone superam os dos seus concorrentes, muitos outros ficam aquém daqueles. Ou seja, sob uma avaliação estritamente racional, não haveria motivo para tanta paixão e fidelidade. Estes casos nos mostram o nível de importância dos fatores de influência que antecedem a compra e como os fatores mais importantes são aqueles que agem internamente, ou seja, nos níveis psicológicos e emocionais dos indivíduos.

Irigaray, Vianna, Nasser e Lima citam que as abordagens teóricas que estudam o comportamento do consumidor sofreram uma evolução. Partindo da teoria da racionalidade econômica, cujo eixo central baseia-se na visão do consumidor apoiada na racionalidade econômica, evoluiu para abordagens baseadas na psicologia, dando origem a três perspectivas: a comportamental, a psicanalítica e a cognitivista. A teoria comportamental enfatiza o comportamento do indivíduo e suas relações com o meio ambiente. Essa teoria estuda os estímulos presentes no ambiente de consumo que levam o consumidor a produzir reações positivas ou negativas em relação aos produtos disponíveis. A teoria psicanalítica baseia-se na psicanálise, criada por Sigmund Freud. A ampla difusão da psicanálise na cultura contemporânea fez com que esta seja considerada uma abordagem importante no estudo dos processos psicológicos de consumo, buscando entender o que acontece dentro do consumidor no ato da compra, tanto quanto no período em que a antecede. Como já observado nos capítulos anteriores, a abordagem de Freud tem sido a mais utilizada para análises psicológicas nas questões de comportamento do consumo. Na abordagem psicanalítica, o indivíduo projeta nos produtos seus desejos inconscientes, expectativas, angústias e conflitos. Sob essa visão, o consumo passa a ser uma tentativa de satisfazer esses desejos. Esta é uma abordagem que até então não tem sido devidamente aprofundada com o objetivo de se compreender mais amplamente os processos psicológicos internos por meio dos quais as necessidades e desejos são elaborados e criados nos indivíduos até que tomem consciência disso. Em adição, há também a abordagem da teoria cognitivista. Esta tem sido também uma abordagem bastante utilizada pelos pesquisadores do comportamento do consumidor. Segundo os autores, ela busca entender o consumo como resultante de um processamento de informações provenientes do indivíduo, da cultura e do seu meio ambiente. Para os autores ainda, essa teoria coloca como pano de fundo das análises a influência de fatores cognitivos, como percepção, motivação, aprendizagem, memória, atitudes, valores e personalidade, assim como os fatores socioculturais, como grupo, família, cultura e classe social, somando-se ainda as influências situacionais, tais como as que são causadas pelo meio ambiente. Kotler descreve alguns desses diversos fatores de influência, como podemos ver a seguir.

Para o autor, os fatores culturais exercem uma influência profunda sobre as pessoas, onde os papéis exercidos nesse contexto são particularmente importantes. Segundo Kotler, este é o fator determinante e mais fundamental dos desejos e do comportamento de uma pessoa. Como a criança nasce mergulhada em sua cultura e permanece inserida nela até a formação de seu caráter, ela simplesmente não conhece outras formas de abordagem da realidade que não passe através da ótica de sua cultura. Inseridas na cultura ainda estão as subculturas, representadas pelas nacionalidades, religiões, grupos raciais e regiões geográficas, e que dão outro viés às influências já recebidas pela cultura determinante.

Os fatores sociais também influenciam as decisões do consumidor por meio dos grupos de referência, da família e posições sociais. Grupos de referência, também chamados de grupos de afinidade, são aqueles que influenciam diretamente ou indiretamente o comportamento da pessoa. Alguns dos grupos de afinidade são denominados grupos primários, como a família, os amigos, os vizinhos e os colegas de trabalho, com os quais se interage de forma contínua e informal. Os grupos secundários são representados pela religião, trabalho e sindicatos, por tenderem a ser mais formais e exigirem uma interação menos contínua. Os grupos de referência influenciam as pessoas de três formas: 1. expõem o indivíduo a novos comportamentos e estilos de vida; 2. influenciam as atitudes das pessoas e o seu auto-conceito, criando pressões que podem afetar suas escolhas de produtos ou marcas; e, finalmente, 3. podem influenciar também por ser um grupo do qual o indivíduo não é membro e não quer ser percebido como parte do mesmo. Esses últimos são chamados de grupos de dissociação. Os grupos dos quais o indivíduo quer fazer parte são denominados grupos de aspiração.

Kotler continua sua classificação citando os fatores pessoais, que incluem idade, estágio do ciclo de vida, ocupação, situação econômica, estilo de vida, personalidade e auto-estima. Todos esses fatores influenciam as decisões de compra do indivíduo. As pessoas consomem diferentes tipos de produtos nas diversas fases de suas vidas. Produtos direcionados para bebês são completamente diferentes de produtos destinados a adolescentes que, por sua vez, diferem dos produtos criados para atender a um público mais idoso. Os gostos e necessidades também se alteram nas diversas fases da vida. O estágio do ciclo de vida da família também altera as decisões de compra dos consumidores. Grandes transformações, como divórcio, processos de demissão e morte de entes queridos geram também grande influência no comportamento de compra das pessoas. A ocupação também influencia o padrão de consumo de um indivíduo. Ele buscará produtos que atendam às necessidades específicas de sua profissão e que satisfaçam as necessidades de status que essa profissão lhe proporciona. As condições econômicas afetam bastante a escolha de produtos por parte do consumidor, sendo que ele buscará produtos que estejam ao alcance de seu orçamento. O estilo de vida, que representa o padrão de vida das pessoas, expresso em atividades, interesses e opiniões, também direciona suas escolhas, de modo que se buscarão produtos e serviços que atendam a essas características.

Seguindo a descrição de fatores influenciadores do processo de compra, Kotler aborda também alguns aspectos mais internos, que abrangem as relações que o indivíduo estabelece consigo mesmo. Apesar dos conhecimentos sobre os tipos psicológicos poderem influenciar também os fatores anteriores, certamente os aspectos a seguir são os que sofrem influências mais profundas e marcantes.

Personalidade e autoconceito

A personalidade e o auto-conceito são outros fatores pessoais que afetam a opinião dos consumidores. A personalidade, segundo Kotler, pode ser muito útil para se analisar o comportamento do consumidor, desde que se consiga traçar relações fortes entre os tipos de personalidade e as escolhas de produto ou marca. O auto-conceito, considerado pelo autor um fator relacionado à personalidade, pode gerar ações específicas de compra, uma vez que o consumidor se considere merecedor ou não de possuir um produto. Outros fatores de influência, segundo Kotler, são os fatores psicológicos. A motivação é um desses fatores. Irigaray, Vianna, Nasser e Lima afirmam que a motivação ocorre geralmente quando uma necessidade é despertada, seja por um impulso interno ou por um estímulo externo. Situa-se principalmente aqui o cerne da questão que motivou a elaboração do presente livro, com o objetivo de que consigamos realmente traçar relações fortes e mais efetivas, de forma metódica e prática, entre os tipos de personalidade e as escolhas de produtos ou marcas, conhecendo as motivações mais ocultas e inconscientes que podem gerar as necessidades e desejos de consumo.

Teorias da motivação humana (Freud, Maslow, Herzberg)

Kotler apresenta ainda as três teorias mais conhecidas sobre a motivação humana, que pertencem a Freud, Maslow e Herzberg. Estes explicam os aspectos da motivação de diferentes formas:

- A teoria freudiana diz que uma pessoa não pode entender plenamente suas próprias motivações, e o que essa pessoa diz ser sua motivação pode não representar a verdade.

- A teoria de Maslow explica as motivações humanas com base em uma pirâmide de necessidades hierarquizadas de acordo com suas prioridades na vida das pessoas. Sob essa visão, uma pessoa que não tem suas necessidades básicas atendidas não desenvolverá motivação para buscar atender sua necessidade de reconhecimento e estima por parte das outras pessoas, pois essa última necessidade está alguns níveis acima na hierarquia de necessidades de Maslow. Porém, segundo o próprio autor da teoria, a pessoa não precisa estar com todas as suas necessidades de um determinado nível atendidas para buscar os níveis superiores; na medida em que ela vai atingindo cerca de setenta por cento das necessidades de um nível, já começa a se preocupar com a necessidade do nível seguinte.

- A teoria de motivação de Herzberg distingue fatores de insatisfação e fatores de satisfação na influência da motivação das pessoas, onde a simples ausência dos fatores insatisfatórios não é suficiente para gerar motivação, sendo necessário haver a presença de fatores de satisfação para que a motivação floresça.

Figura 04: Pirâmide de necessidades de Maslow. Fonte: "Administração de Marketing", editado pela editora Pearson.

Percepção

A percepção é, segundo Kotler, outro fator de influência, responsável pela forma como o consumidor agirá, porém, após desenvolvida sua motivação. O autor define percepção como sendo "o processo pelo qual uma pessoa seleciona, organiza e interpreta as informações para criar um quadro significativo do mundo". Irigaray, Vianna, Nasser e Lima definem percepção como sendo "um processo psicológico de atribuição de significação aos estímulos sensoriais, direcionado tanto pelo sistema de crenças e valores do indivíduo, quanto por sua codificação, dada pela cultura e pelo contexto situacional". Os autores afirmam ainda que a percepção é um processo ativo, de envolvimento do indivíduo, uma vez que o resultado gerado é um significado. Segundo os autores, a percepção humana possui alguns dispositivos que filtram as informações recebidas pelo indivíduo, com base em critérios de relevância e de interesse. Estes dispositivos, chamados de filtros perceptivos, são: atenção seletiva, distorção seletiva e retenção seletiva. Kotler, por sua vez, cita a atenção seletiva como influenciadora das decisões de compra. Uma vez que as pessoas são expostas a um turbilhão de estímulos, a maioria deles será descartada, sendo mais provável que esses estímulos sejam percebidos quando atendam a alguma necessidade atual, estejam dentro de um escopo de estímulos previstos, ou sofram um desvio maior que outros estímulos similares e mais normais. A distorção seletiva, segundo Kotler, é a tendência que leva as pessoas a interpretarem as informações conforme suas intenções pessoais, reforçando suas pré-concepções ao invés de contrariá-las. Irigaray, Vianna, Nasser e Lima complementam esse conceito, afirmando que os indivíduos organizam os estímulos sensoriais em percepções que façam sentido em sua visão de mundo, facilitando a classificação e a organização dos produtos disponíveis. Kotler cita ainda a retenção seletiva, outro fator de influência, que é a tendência à lembrança de informações que reforcem as atitudes e crenças do indivíduo.

Dissonância Cognitiva

Irigaray, Vianna, Nasser e Lima afirmam que a apresentação de estímulos que colocam em risco as crenças dos consumidores pode gerar o que se denomina dissonância cognitiva, um estado mental de desconforto e ansiedade produzido pela presença de opções de decisões excludentes e até contrastantes. Outro aspecto de influência é a aprendizagem, pois envolve mudanças no comportamento de um indivíduo, decorrentes de sua experiência. As crenças e atitudes, outro aspecto, são adquiridas por meio do aprendizado do indivíduo e também influenciam seu comportamento de compra.

Como vemos, muitos dos elementos que desencadeiam os movimentos no indivíduo, chamados de comportamento do consumidor, partem realmente de seu interior, de regiões realmente difíceis de acessar e de se ater por muito tempo para que seja possível estudar e traçar padrões e modelos. Penso que seja aí que reside o "tendão de Aquiles" dos estudos e pesquisas de marketing que têm como objetivo a tentativa de prever esses comportamentos, de forma que possam ser conduzidos. Apesar dos estudos e teorias sobre o comportamento do consumidor citarem a influência do inconsciente nesse processo, percebe-se a ausência de um estudo sobre os mecanismos psicológicos mais intrínsecos do inconsciente, de onde provêm as motivações mais profundas e desconhecidas até mesmo para o próprio indivíduo. Pelo que se conhece das regras da vida até hoje, sabe-se que a lei da causa e efeito é uma lei universal. Então, teoricamente não seria possível que os comportamentos específicos dos indivíduos não tivessem seus processos e causas reconhecíveis. Talvez, conhecendo-se esses processos psicológicos sob uma vertente mais específica e adequada, seja possível identificar os aspectos inconscientes dos indivíduos e, com isso, identificar necessidades latentes, ou simplesmente produzir um impulso de compra de forma irresistível para o produto que se oferece. Os estudos de Jung sobre os tipos psicológicos apresentam uma abordagem profunda sobre os processos intrínsecos do inconsciente humano e o conhecimento dessas características pode contribuir sobremaneira para a compreensão mais aprofundada da forma como esses processos, tais como a distorção, seleção, retenção e dissonância, poderão se desenvolver no universo psicológico do indivíduo. São nestes processos cognitivos internos que a mágica da formação da percepção se inicia e dá todo o viés para a elaboração dos mecanismos completos das visões e sentimentos em relação ao mundo e que, mais à frente, tenderão a direcionar as preferências de escolhas e consumo.

Porém, é evidente que, apesar do conhecimento dos tipos psicológicos trazer um grande diferencial nas análises do comportamento dos consumidores, ele não vem para substituir os outros fatores já solidamente estabelecidos nas práticas de marketing. Ao contrário, ele vem para se somar a esses fatores já existentes, para aprofundá-los e refiná-los, de forma a trazer a mira para um pouco mais perto do alvo, quer seja desenvolver um novo produto, reposicionar um produto já existente ou criar uma nova campanha, minimizando o enorme índice de fracassos que se tornou uma realidade constante no mundo do marketing e esclarecendo, em parte, o porquê de certos fracassos aparentemente inexplicáveis, quando não se considera essas questões mais inconscientes.

@ / $

SEGMENTAÇÃO DE MERCADO

Não podemos falar sobre comportamento do consumidor sem também considerar os aspectos básicos da segmentação de mercado, que é uma ação natural em consequência dos resultados obtidos nas análises dos comportamentos dos vários públicos observados. É nesta fase que se deverá identificar de forma cuidadosa e mais precisa possível os padrões de comportamento que apresentam afinidade de necessidades, desejos e consumo. Estes serão os segmentos com os quais se poderá trabalhar, no intuito de se desenvolver estratégias para alcançar e atender a essas necessidades e desejos da forma mais eficaz possível, buscando alavancar as ações de consumo nos diversos grupos identificados com o menor custo possível. Identificar e satisfazer os segmentos de mercado de forma correta costuma ser a chave para o sucesso de marketing, diz Kotler. É aqui também que serão definidas as ações mais visíveis, que se materializarão na forma das conhecidas campanhas e/ou ações de marketing, envolvendo posicionamento da marca, exposições do produto, abordagens aos consumidores, experiências sensoriais, trocas de valores, entre outras atividades na busca pela preferência do consumidor. Essas ações poderão ser mais intensas, agressivas e pontuais, instigando as ações de consumo de forma mais contundente, ou sutis e perenes, buscando construir de forma paulatina e constante um conceito favorável, acolhedor e confiável na percepção do público, dependendo das características de cada segmento.

A definição da segmentação de mercado envolve identificar comportamento de compra homogêneo dentro de um segmento e heterogêneo entre diferentes segmentos, de modo que cada segmento possa ser considerado como um alvo para um mix de marketing distinto. Segundo Solomon, a sociedade está evoluindo de uma cultura de massa, onde grande parte dos consumidores possui preferências similares, para uma cultura mais diversificada, com uma grande quantidade de opções de escolha. Para o autor, essa evolução está tornando cada vez mais importante identificar os distintos segmentos de mercado e desenvolver mensagens e produtos mais especializados para esses diversos grupos. Segundo Michael Baker, no seu livro *Administração de Marketing*, o princípio básico da segmentação de mercado é que os mercados não são homogêneos e que comercialmente faz sentido diferenciar ofertas de marketing para diferentes grupos de clientes. Kotler observa que, para competir com mais eficácia, muitas empresas optam por atuar de forma segmentada, ou seja, ao invés de dispersar seus esforços e recursos de marketing com um público mais amplo e heterogêneo, concentram seu orçamento e atenção em consumidores a quem podem efetivamente atender com um grau mais elevado de satisfação. Para Kotler, um marketing segmentado eficaz exige algumas ações específicas por parte dos administradores:

- A primeira ação necessária é identificar e traçar o perfil de grupos distintos de compradores com diferentes necessidades e preferências;

- A segunda ação é a seleção de um ou mais segmentos para atuar. Estes constituirão efetivamente o público-alvo da empresa;

- A terceira ação é estabelecer, comunicar e entregar, para cada segmento escolhido, os principais benefícios que diferenciam os produtos da empresa. Aqui começa a se estabelecer o posicionamento de mercado, ou seja, a parte do mercado que interessa para a empresa e na qual ela atuará.

Essa segmentação, seleção do mercado-alvo e o posicionamento de mercado são conhecidos como STP (do inglês, *segmentation*, *targeting* e *positioning*) de marketing. Como base para se iniciar o processo de segmentação, Kotler identifica dois principais grupos de variáveis, de acordo com o objeto de análise dos vários pesquisadores:

a) **Características Descritivas:** geográficas, demográficas e psicográficas. Após identificados estes três segmentos, examinam as diferentes necessidades ou respostas aos produtos, pesquisando, por exemplo, as atitudes de profissionais liberais, operários e outros grupos em relação a benefícios específicos de cada produto;

b) **Características Comportamentais:** respostas aos benefícios, ocasiões de uso ou marcas. Uma vez identificados estes segmentos, os pesquisadores verificam a existência de características distintas associadas a cada segmento, como por exemplo, se as pessoas preferem "qualidade" a "preço baixo" na compra de um produto, sob influências relativas a características geográficas, demográficas e psicográficas.

Porém, independente do tipo de segmentação que adote, o mais importante é ajustar as estratégias de marketing às diferenças reconhecidas entre os grupos de clientes identificados. Segue abaixo algumas das principais variáveis de segmentação utilizadas atualmente para avaliação de mercados:

1. Região geográfica;
2. Densidade demográfica da região;
3. Clima;
4. Tamanho da família;
5. Ciclo de vida da família;
6. Idade;
7. Sexo;
8. Renda;
9. Ocupação;
10. Grau de instrução;
11. Raça;
12. Nacionalidade;
13. Classe Social;
14. Crença filosófica religiosa;

15. Geração: silenciosa, baby boomers, geração X, geração Y, etc.;

16. Estilo de vida psicográfico: orientado para cultura, esportes, atividades ao ar livre, intelectual, etc.;

17. Personalidade: compulsiva, gregária, autoritária, ambiciosa, etc.;

18. Ocasiões comportamentais: ocasião comum, ocasiões específicas/especiais;

19. Benefícios esperados: qualidade, economia, rapidez, conveniência, etc.;

20. Status: não usuário, ex-usuário, usuário potencial, usuário iniciante, usuário regular;

21. Índice de utilização: light user, medium user, heavy user;

22. Índice de fidelidade: nenhuma, média, forte, total;

23. Estágio de disposição: desconhece, conhece, interessado, desejoso, pretende comprar;

24. Atitude: entusiasta, positiva, indiferente, negativa, hostil.

Em se tratando de dados demográficos, Solomon salienta a importância da utilização do Censo como fonte de dados demográficos. As mudanças e tendências que os estudos demográficos revelam são de grande interesse para se obter importantes informações, de modo a ser possível localizar e prever o tamanho dos mercados para diversos produtos. Solomon comenta ainda que muitos profissionais de marketing utilizam o princípio 80/20, também conhecido como Princípio de Pareto, cuja máxima é que 20% dos clientes são responsáveis por 80% das vendas. Esse tipo de segmentação identifica os clientes mais intensos ou frequentes. Por meio da identificação dos clientes mais leais, pode-se desenvolver uma estratégia de marketing baseada na fidelidade.

Solomon faz uma intrigante observação quanto ao princípio 80/20: segundo o autor, um estudo com 54 milhões de consumidores nos EUA mostrou que apenas 2,5% deles contribuem para os 80% dos resultados de uma determinada marca. Um por cento dos donos de animais de estimação consomem certo tipo de ração daquele país e 1,2% dos tomadores de cerveja foi responsável por 80% das vendas da Budweiser. Das 1.364 marcas analisadas pelos pesquisadores, apenas 25 possuíam uma base de consumidores em que mais de 10% respondiam por 80% dos resultados. Portanto, é recomendável pensar no princípio 80/20 apenas como uma regra aproximativa.

Para se adotar uma estratégia de marketing baseada em fidelidade, é necessário antes de tudo construir um relacionamento com seu público específico. Quanto a isso, Solomon nos confirma que uma das marcas registradas das estratégias de marketing atuais é a ênfase nesse tipo de abordagem. Para o autor, a natureza desses relacionamentos pode variar, mas esses laços ajudam a se compreender alguns dos possíveis significados que os produtos têm para seus consumidores. Além disso, pesquisadores avaliam que, assim como acontece nas amizades e romances, o relacionamento dos clientes com as marcas evolui com o passar do tempo, alguns sendo como amizades profundas, ao passo que outros parecem mais com aventuras emocionantes, porém efêmeras. Nesse contexto, as possíveis relações entre consumidores e produtos podem ser:

- Ligação de autoconceito: O produto ajuda a estabelecer a identidade do usuário;

- Ligação nostálgica: O produto serve de elo com um "eu" do passado;

- Amor: O produto promove elos emocionais de afeto, paixão ou alguma outra emoção intensa.

Big Data

Com o desenvolvimento tecnológico e a consequente conectividade em massa dos sistemas e dos consumidores, o rastreamento de indivíduos e suas atividades passou a ser outro fator de grande importância para a captação de informações sobre os consumidores e seu comportamento. Atualmente, a simples ação de ir e vir, fazer buscas na internet, ou tecer comentários nas redes sociais, gera uma enorme quantidade de informações que têm um imenso valor para as empresas. Solomon nos aponta para a infinidade de dados que são gerados atualmente, provenientes de várias fontes, desde sensores que coletam informações sobre o clima, passando pela localização geográfica de cada indivíduo por meio dos sinais de GPS, até as transações de cartão de crédito autorizadas em cada compra. A coleta dessa gigantesca quantidade de informações acabou por criar o que se chama de Big Data e tem gerado grande entusiasmo entre os analistas de marketing. Uma vez que se faça o cruzamento e a análise de um grupo de dados de forma adequada, é possível se obter valiosas informações sobre rotinas, costumes, preferências e até estado de saúde dos públicos de interesse, sendo possível desenvolver campanhas de marketing ou produtos mais precisos e oportunos para os consumidores, com mais chance de se obter sucesso. Uma observação interessante é a de que o trânsito e a captura desse oceano de informações, somados ao ávido interesse das grandes empresas por nossos hábitos e preferências, nos faz concluir que nossa privacidade há algum tempo ficou para trás!

Como se pode ver, não será mais a falta de informações sobre os comportamentos e hábitos de consumidores que impossibilitará a elaboração de um bom mapa de segmentação do nosso público-alvo. As tecnologias atuais nos possibilitam a coleta de uma infinidade de informações a respeito de vários aspectos dos indivíduos, incluindo passatempos, momentos de lazer, locais por onde costumam transitar, até opiniões pessoais sobre personalidades, produtos e assuntos de interesse. Porém, tão importante quanto poder conhecer os vários fatores que influenciam o comportamento dos indivíduos, é fundamental que seja possível identificar as informações mais relevantes, ou seja, as informações de qualidade para os nossos objetivos, informações estas que nos permitam construir uma segmentação coerente e robusta, que identifique de fato grupos de respostas similares e consistentes.

Assim como nos estudos do comportamento do consumidor, a inclusão dos conhecimentos dos fatores de influência provindos dos estudos dos tipos psicológicos de Jung não substituirá as técnicas e princípios de segmentação já existentes, porém, se considerados e aplicados com a devida profundidade, poderá contribuir para o refinamento do processo de segmentação, de modo a proporcionar resultados mais eficazes para ambos os lados. Por exemplo, apesar de se saber que certa necessidade psicológica ou crença emocional de um indivíduo consumidor certamente o conduzirá a procurar e consumir certos produtos ou marcas, que na sua percepção atendam a essas necessidades, é evidente que esse indivíduo consumidor, ao se mudar de uma região quente do país para outra bem mais fria, será naturalmente conduzido a mudar os tipos de produtos e, talvez ou provavelmente, marcas pelos quais se interessa e consome. Aqui o fator demográfico é determinante. Porém, esses novos conhecimentos sobre a psique dos seres humanos nos trarão a possibilidade de termos uma visão mais refinada de quais tipos de produtos ou marcas tenderão a atrair mais este indivíduo, de acordo com as características e necessidades de seu tipo psicológico, mesmo em seu novo ambiente, contribuindo para elevar nossa marca e produtos em seu ranking de preferências. Talvez até seja possível identificar lacunas de produtos ainda não existentes que melhor atendam a essas necessidades.

Nota: utilizo este termo "indivíduos-consumidores" devido ao fato de considerar, antes de tudo, os públicos-alvo ou consumidores, como um conjunto de indivíduos, independentes entre si, com seus pensamentos e sentimentos individuais. Apesar de receberem influências psicológicas comuns, assim como influências externas similares, e responderem psicologicamente de forma similar, como vimos no início deste livro, cada indivíduo possui seu universo próprio e terá em suas respostas comportamentais sua assinatura única. Outro motivo, e talvez o mais relevante para os negócios, é o fato de que não se pode transformar uma casa de madeira em outra de alvenaria tentando agir sobre as paredes da casa de forma coletiva, pois a primeira é composta de ripas de madeira e a segunda, de tijolos feitos de barro. Logo, não se poderá transformar as ripas de madeira em tijolos de barro com ações coletivas sobre a parede toda. É necessário, antes de tudo, agir individualmente em cada ripa de madeira, substituindo-a por um tijolo. Apenas após isso será possível um tratamento mais coletivo e adequado aos tijolos, já anteriormente e individualmente substituídos, de forma a transformá-los em uma parede de alvenaria. Uma vez realizada esta sequência de ações, será possível obter-se a "mágica" da transformação desejada. Penso que esse processo seja fundamental também para os indivíduos. Essa analogia pode parecer um tanto etérea neste momento, porém talvez traga algum insight interessante quanto a algum direcionamento nas ações de marketing em algum momento em seu planejamento.

1 - Jack Neff, "Study: Package-Goods Brands' Consumer Bases Very Small, Yet Diverse", *Advertising Age* (December 8, 2008), http://www.adage.com, accessed December 8, 2008.

@ / $

NEUROMARKETING

Neste ponto da leitura, ou desde o momento em que você leu o título na capa deste livro, você pode estar pensando algo como: "mas e o neuromarketing? O neuromarketing já não desvendou os meandros inconscientes da psicologia do comportamento humano?"

Bom, em parte ele está buscando fazer isso. O neuromarketing busca aprofundar o conhecimento sobre as respostas comportamentais e instintivas voltadas para o mundo do marketing. Pelos estudos e pesquisas analisadas, observo que o neuromarketing está cavando um pouco mais fundo no universo das reações humanas a estímulos externos fornecidos. As pesquisas e experimentos do neuromarketing estão atingindo um ponto de profundidade que se situa um pouco antes do domínio consciente e racional do indivíduo, onde as respostas e reações fisiológicas a estímulos externos ainda não atingiram o nível da razão e do julgamento do próprio indivíduo. Ou seja, nesse ponto de coleta das informações, as respostas são mais puras e genuínas, não tendo passado ainda pelas racionalizações, dogmas, auto julgamentos e pensamentos práticos próprios da consciência e da razão. Segundo Machado e Haertel em seu livro "Neuroanatomia Funcional", o encéfalo, conjunto do tronco cerebral formado pelo cérebro e cerebelo, é composto por cerca de 28 bilhões de neurônios, que por sua vez formam as redes neurais. Essas redes neurais são responsáveis por construir uma opinião sobre o que é relevante ou não em nossas vidas. E para a coisa ficar ainda mais intrigante, os autores afirmam ainda que os neurônios são células altamente excitáveis, comunicando-se entre si. Ou seja, além de facilmente impactados, é bem provável que a experiência obtida por um neurônio seja também transmitida e absorvida por outro. Digamos que seja um universo imensamente vasto para se pesquisar algo. Frente a esse desafio, talvez a expressão "como procurar uma agulha no palheiro" pareça um tanto quanto obsoleta, ou pelo menos um desafio bem mais encorajador. As autoras Fernandes e Silva, em seu livro "Insights Sobre Neuromarketing e Neurociência", afirmam que realmente é necessário estudar o inconsciente, justamente pelo fato de vários estudiosos descreverem que o fator psicológico do consumo está relacionado a esse nível psicológico no ser humano, a partir de onde a percepção e a motivação externam o que uma pessoa deseja consumir. A respeito disso, Kotler nos lembra que o cérebro humano toma somente 5% de suas decisões racionalmente, ficando 95% das decisões tomadas pelo subconsciente. Não é de se admirar a enorme margem de erro nos resultados de muitas ações de marketing, considerando-se que a grande maioria das decisões são tomadas em um nível do indivíduo em que ele mesmo não sabe o que está sendo decidido.

Assim, para que seja possível atingir esse nível de aprofundamento na realização de seus estudos e pesquisas, o neuromarketing se utiliza dos conhecimentos, ferramentas e recursos da neurociência, que podem ser desde uma formatação específica de pesquisa, até a utilização de instrumentos médicos como os empregados em exames de eletroencefalograma (EEG), ressonância magnética funcional (fMRI) e tomografia. Através destes últimos é realmente possível a observação de reações cerebrais ou corporais antes mesmo de passarem pelos níveis conscientes do julgamento e avaliação própria do indivíduo. A meu ver, creio que, de forma simples e abrangente, poderíamos dizer que neuromarketing é a utilização dos recursos da neurociência para observação das reações físicas e emocionais a estímulos específicos, de modo que seja possível colher reações mais instintivas e verdadeiras, antes que passem pelo viés dos julgamentos da mente consciente. Jacob Nielsen, pesquisador considerado como o "papa da usabilidade e do design de interfaces", apresentou um artigo em seu portal na internet afirmando que a aplicação das técnicas neurocientíficas proporciona um grande avanço no desenvolvimento das estratégias empresariais, por permitir identificar mais precisamente as respostas dos consumidores em relação aos estímulos de marketing que recebem. Nielsen deixa claro que as informações obtidas diretamente do cérebro permitem melhorar e aprimorar os resultados das ações de marketing pertinentes aos objetivos desejados. Por meio desse tipo de estudo é possível se desenvolver ações mercadológicas mais precisamente direcionadas para o atingimento de determinados objetivos. Outro tipo de estudo realizado é feito por meio da utilização de pesquisas que exploram o que eu chamaria de "falhas estruturais" dos mecanismos de percepção humana, como a persistência retiniana ou a alteração perceptiva de um estímulo quando em conjunto com outro, entre outras possíveis. Parte dessas alterações perceptivas são abordadas também pela Gestalt. A neurociência vem aprofundando, igualmente, essas alterações de percepções em seus estudos.

Segundo Jacques Aumont, em seu livro "A Imagem", persistência retiniana é o fenômeno dado pela reação de células especializadas do cérebro, quando receptores retinianos próximos entre si são ativados em rápidas sucessões. Como efeito, se olhamos durante tempo suficiente (aproximadamente um minuto) para um movimento regular e em seguida desviamos o olhar para outro objeto imóvel, este parecerá estar se movendo na direção inversa. Uma experiência interessante é observar por um minuto um círculo com o desenho de uma espiral girando. Ao

> *observar a espiral girando, percebe-se um movimento aparente de contração ou expansão; após tê-lo fixado por um ou dois minutos, quando o olhar é desviado, o novo objeto observado parecerá também contrair-se ou expandir-se. Obtém-se um efeito muito evidente nesse exercício ao se observar uma imagem com um céu com muitas nuvens, após se fixar por um minuto na espiral.*

Em seu artigo denominado "Deciding Advantageously Before Knowing the Advantageous Strategy" publicado no site da Science, Antoine Bechara, neurocientista, pesquisador e professor na University of Southern California, aborda o fato de que nossas decisões acontecem mesmo antes de serem tomadas no nível consciente, ou seja, nossos julgamentos inconscientes, não apenas ocorrem antes dos julgamentos conscientes, mas também os orientam. Esta informação é muito relevante e, de certa forma, confirma a analogia feita anteriormente, no tópico "De Onde Vêm os Desejos e Necessidades?", onde os desejos e necessidades são ilustrados como sendo uma pequena bolha de ar que é produzida nas profundezas do oceano e que vai flutuando, já formada, até chegar próxima à superfície, na região da consciência, quando a esta restará apenas explicar e justificar tal desejo ou necessidade. Darren Bridger, em seu livro "Neuromarketing", afirma que, quando o cérebro se defronta com escolhas complexas demais para serem avaliadas com mais profundidade e racionalidade, recorremos a reações inconscientes, sendo essas reações, em geral, induzidas por atalhos mentais que o cérebro desenvolveu para nos capacitar a reagir com rapidez em situações de incerteza. Alguns desses atalhos se relacionam diretamente com a maneira como fazemos escolhas diante de determinado conjunto de opções. Bridger cita ainda que alguns experimentos demonstraram que as pessoas concluem "gostar" ou "desgostar" de uma página de internet em 0,05 segundos, após apenas olhá-la de relance pela primeira vez. A conclusão é de que o fato dos usuários julgarem com tanta rapidez significa que não estão considerando o conteúdo, mas sim apenas reagindo à parte visual das páginas. Fernandes e Silva confirmam estas informações quando afirmam que as primeiras impressões se manifestam como sentimentos e, depois, são racionalizadas pela mente. Mencionam também que nossas emoções são disparadas com extrema rapidez, antes de termos chance de decodificar conscientemente o que estamos vendo. Citam ainda pesquisas que demonstraram que as expressões emocionais começam a transparecer no rosto já apenas a milissegundos após a primeira visualização de uma imagem. Já analisar racionalmente e construir um juízo a respeito da mesma imagem não é tão rápido assim.

Bridger acrescenta que outro fator que confere ainda mais importância para este primeiro é o que se chama de efeito halo. A característica desse efeito é o fato de que, ao avaliarmos positivamente um aspecto qualquer de alguma coisa, gerando um sentimento positivo com relação a esse aspecto específico, nosso inconsciente terá a tendência de avaliar também favoravelmente a mesma coisa quanto aos outros aspectos. Assim, somos propensos a formular conscientemente nossos julgamentos em consonância com essa primeira impressão instintiva. Ou seja, se o primeiro julgamento emocional for positivo, nossa mente racional encontrará motivos para atribuir qualidades também positivas para o todo. Segundo Fernandes e Silva, as técnicas de neuromarketing poderiam identificar os fatores determinantes na decisão de consumo, ao mesmo tempo em que oferecem informações que poderiam ajudar a formular estratégias mais efetivas de marketing. Porém, como se pode observar a partir do conhecimento de inúmeros experimentos feitos com o cérebro humano, os fatores que determinam o comportamento humano e suas decisões são misteriosos e aparentemente infinitos. Tendo isso em mente, creio que a estrutura psicológica emocional e mental do indivíduo será sempre a centelha inicial do processo, ou o que considero o "processo primordial", que determinará seus caminhos lógicos internos, que poderão inclusive ativar regiões físicas diversas em indivíduos diferentes. Ou seja, estímulos similares poderão resultar em respostas diversas ao serem processados de formas diferentes por estes processos primordiais específicos de cada indivíduo, pois os caminhos que o estímulo percorrerá na psique do indivíduo alterará sua percepção da realidade de forma particular.

Para ilustrar isso, posso citar o caso do pianista e maestro brasileiro João Carlos Martins, considerado um dos maiores intérpretes de Bach. Nascido em 1940, Martins começou sua carreira de pianista com oito anos de idade. Na adolescência já tinha fama mundial como intérprete de Bach e aos vinte e um, estreou no Carnegie Hall, com lotação esgotada. Porém, em 1966, em uma queda, machucou o nervo ulnar na altura do cotovelo, o que lhe provocou atrofia de três dedos da sua mão direita, forçando-o a abandonar os palcos. Apesar disso, oito anos depois, após muita fisioterapia, Martins voltou a tocar piano. Em 1985, outro problema na mão direita o impossibilitou de tocar novamente, só retornando aos palcos em 1993. Dois anos mais tarde, vítima de um assalto em Sófia, na Bulgária, recebeu uma pancada na cabeça, o que lesionou parte do seu cérebro, afetando os movimentos da mão esquerda. Após muitas cirurgias e fisioterapia, voltou a tocar. Porém, em 2002, devido às dores insuportáveis nas mãos, teve que parar novamente. Mais tarde, outro problema, um tumor lhe surgiu na mão esquerda, o que antecedeu o aparecimento da doença de Dupuytren, que faz com que os dedos se contraiam na direção da palma da mão, o que lhe dificultou ainda mais tocar piano. Após vinte cirurgias, na tentativa de recuperar o movimento das mãos, outro problema neurológico obrigou Martins a abandonar o piano e dedicar-se à regência. Para resumir, após isso, tais problemas também interferiram na atuação como maestro, porém conforme as limitações surgiam, Martins as superava, ou as contornava. Como maestro, Martins criou uma orquestra de profissionais e outra de jovens talentos, conciliando regência com trabalho social. Em setembro de 2010 recebeu o adjetivo de "o indomável" pela crítica do New York Times. Há alguns livros e documentários que narram a história de João Carlos Martins. Sua história é realmente impactante e nos faz pensar se nossa força de vontade está realmente em dia. Há alguns anos pude assistir pessoalmente a uma de suas palestras, ouvindo o próprio pianista e maestro contando sua história. Em suas palavras uma coisa me chamou bastante a atenção: um desses problemas neurológicos que teve foi uma lesão na parte do cérebro que dominava os movimentos de sua mão. Após isso, Martins perdeu parte dos movimentos da mão e ficou impossibilitado de tocar. Apesar disso, com a fisioterapia e sua infinita determinação, o pianista forçou o cérebro a reaprender os movimentos das mãos. Porém, como a porção cerebral que dominava aqueles movimentos das mãos estava danificada, seu cérebro, sob a ação dos exercícios, da forte intenção e da experiência de já saber tocar e fazer aqueles movimentos, redirecionou os movimentos da mão para a porção cerebral que dominava sua fala. Assim, Martins conseguiu voltar a utilizar sua mão para tocar novamente. Mas após isso observou um estranho efeito colateral: quando falava, sua mão apresentava contrações e espasmos de movimentos muito dolorosos. A porção cerebral da fala, também utilizada para reaprender a movimentar a mão, não conseguia separar os comandos da fala dos comandos da mão. Esse efeito colateral não era suportável para o pianista, assim Martins foi obrigado a se submeter a mais uma de tantas cirurgias para interromper a comunicação nervosa entre seu cérebro e sua mão, o que causou novamente a perda de tais movimentos.

Este fato curioso revela uma propriedade cerebral denominada plasticidade neural, ou neuronal, que é a capacidade do sistema nervoso de sofrer modificações e adaptações, formando níveis estruturais em contato com novas experiências, segundo a psicopedagoga clínica e mestra em ensino, Angélica Chico. Tal propriedade cerebral nos mostra que, com nossas pré-disposições e disciplina, podemos alterar o funcionamento lógico do cérebro, incluindo regiões estabelecidas para comandar ações específicas, o que pode causar uma resposta diferente em instrumentos de observação e medição, por exemplo. Roberto Lent, em seu livro "O Cérebro Aprendiz – Neuroplasticidade e Educação", comenta essa incrível capacidade do sistema nervoso de modificar-se em resposta ao ambiente externo e interno, acrescentando que esse fenômeno acontece desde as alterações moleculares nos neurônios e suas vias de comunicação, passando por alterações anatômicas e funcionais de escala intermediária, até atingir o plano educacional. Como ex-analista de sistemas de informática, gosto de chamar isso de lógica neural (neuro-lógica). Com base nas características dessa propriedade, acredito também que, com o mesmo empenho e determinação, ou devido a outros aspectos individuais mais perenes e menos óbvios, as respostas a estímulos, internos ou externos, podem também ter suas regiões cerebrais correspondentes alteradas, o que poderia acarretar desvios ou equívocos na avaliação de fatores tão sutis como os que determinam o comportamento de consumidores. Em adição a isso, mesmo sendo possível observar em que aspecto o indivíduo está sendo impactado, como por exemplo se está sendo tocado emocionalmente ou racionalizando a situação, a compreensão do porquê aquele tipo de estímulo percorreu o viés emocional ou racional continuará a ser uma incógnita que não eliminará as incertezas de sucesso envolvidas na criação de campanhas de marketing ou novos produtos. A natureza das respostas obtidas também não explica quais os mecanismos psicológicos internos atuaram sobre a percepção e como ela foi processada para que tenha percorrido tais caminhos emocionais ou racionais, ou ainda para que tenha gerado atração ou rejeição.

Gerald Zaltman, em seu livro "Afinal, o que os clientes querem?", apresenta como mundo endógeno os processos inconscientes que acontecem nos indivíduos, processos estes compostos pelas emoções, desejos internos, eventos ocorridos na infância e lembranças que os influenciam na hora de escolher um determinado produto ou marca. Para o autor, as decisões no ato da compra decorrem da interação entre seu mundo endógeno e o mundo exógeno (externo) dos profissionais de marketing. Logo, a não compreensão dessa capacidade do mundo endógeno do consumidor alterar intensamente a mensagem proveniente do mundo externo é a causa de boa parte dos fracassos no desenvolvimento de novos produtos. Em complemento à afirmação do autor, considero que as experiências ocorridas na infância de cada indivíduo, e os consequentes impactos e lembranças, são únicos para cada um, o que torna a tentativa de uma previsão correta, ou de identificar um padrão consistente, algo praticamente impossível. Por outro lado, existem muitos casos de pessoas que viveram uma infância perturbadora ou de grandes dificuldades e, mesmo assim, se tornaram pessoas realizadas e de grande sucesso. Esses casos reais talvez possam nos fornecer uma pista fundamental de que as origens, experiências e lembranças que vêm da infância do indivíduo podem não ser realmente o fator de influência determinante na sua forma de pensar e, consequentemente, nas escolhas que este fará em sua vida. É evidente que há algo a mais, ou pelo menos diferente, na estrutura psicológica, ou na lógica neural, desses indivíduos. Há uma grande probabilidade desse algo a mais ser justamente a estrutura psicológica - mental e emocional – através da qual esse indivíduo continuamente processa e absorve todas as experiências que vive em sua vida, incluindo as que marcaram sua infância e que influenciaram sua autoimagem, crenças e tendências de escolhas na vida.

Contudo, apesar dos pontos ainda obscuros no mistério da percepção humana, não restam dúvidas de que o neuromarketing está contribuindo sobremaneira para melhorar os resultados das pesquisas e, consequentemente, das ações de marketing nos tempos atuais. A observação e captura das reações e respostas antes que cheguem à parte consciente do indivíduo, onde residem a razão e o julgamento, é certamente um grande avanço no campo da pesquisa e das análises de comportamento. Esta forma de captura de informações consegue driblar em boa parte os desvios das respostas fornecidas pelos indivíduos pesquisados, desvios esses que são sempre lembrados no universo do marketing com a máxima de que "as informações obtidas dos consumidores nem sempre dizem a verdade", ou "os consumidores nem sempre sabem o que realmente querem", como nos lembrava o saudoso Steve Jobs. Porém, uma vez que as práticas atuais do neuromarketing se desenvolvem ainda no nível da "resposta ao estímulo", as análises acontecem no campo da experimentação e demandam a produção de estímulos específicos, cabendo avaliar as respostas após todo o processo psicológico de influências e decisões internas ter acontecido. Nesse estágio, não é possível compreender ainda quais processos psicológicos o estímulo percorreu, ou como foi processado, de forma que as respostas só podem ser observadas empiricamente ou por instrumentos de observação e mensuração. Dentro desse complexo contexto, o conhecimento dos tipos psicológicos tem um grande potencial para que seja possível aprimorar os resultados que têm sido obtidos atualmente, uma vez que possibilita compreender os processos do nascimento das necessidades e desejos, e antever quais serão as tendências e direções que mais atenderão aos interesses e escolhas de um grupo de indivíduos. Considero hoje o conhecimento dos tipos psicológicos como o ponto mais próximo da gênese da personalidade e, consequentemente, do nascedouro das preferências e desejos de cada indivíduo. Permitindo-me ser um pouco mais ousado neste conceito, reutilizando a analogia do oceano como representação dos níveis de consciência do ser humano, sendo o primeiro metro de água na superfície a parte consciente de respostas racionais, situando-se as respostas e reações obtidas com as práticas do neuromarketing a alguns bons metros abaixo do limiar entre consciente e inconsciente do indivíduo. Nesta analogia, considero que o conhecimento dos tipos psicológicos esteja mais próximo do fundo do oceano, onde é possível conhecer e compreender os fatores que influenciam primordialmente as necessidades e desejos do indivíduo, tanto quanto quais processos e influências modelam e dão forma aos mesmos, de modo a gerar as respostas específicas e observáveis que acontecerão mais acima, nas regiões mais próximas à superfície.

Para finalizar, ao observarmos atentamente e de forma imparcial os termos empregados até então na tentativa de explicar os comportamentos dos consumidores, termos como "o modo como fazemos escolhas", "influências da infância", "decisões feitas no inconsciente", "fator psicológico", "escolhas no automático", "atalhos mentais", "mundo endógeno", talvez possamos constatar que apenas arranham a caixa preta que é a psique humana, ou pelo menos sua porção inconsciente. Contudo, o que tem me deixado bastante animado ao apreciar os aspectos dos tipos psicológicos é a percepção de que Jung abriu essa caixa preta, ou pelo menos uma parte dela. Uma parte suficiente para que possamos realmente conhecer a forma como a mente humana começa a construir a percepção do mundo lá fora e como a processa, gerando as reações que tanto desejamos compreender. Acredito que as origens das tendências, ou o que chamo de "influências primordiais", de como fazemos escolhas podem estar calcadas, e são em boa parte determinadas, pelas influências das estruturas que formam os tipos psicológicos.

@ / $

Final da Parte 1

Pausa para olhar pela janela e relaxar a vista.

Aproveite e tome um café para revigorar a energia e renovar a capacidade cognitiva.

PARTE 2

O Marketing na Psicologia

Universo Emocional

Hemisfério Cerebral Direito

Bem-vindos à segunda parte do livro!

A partir daqui começa a parte mais interessante, onde descobriremos quais são os tipos de personalidades que andam por aí e nos circundam em nosso dia a dia, conversam conosco, interagem em nosso trabalho e em nossa família, no condomínio ou na vizinhança e, mais importante, que assistem às nossas campanhas e compram nossos produtos e serviços, ou pelo menos desejamos que estivessem comprando. Talvez em breve sejamos capazes de compreender melhor aquele colega de pouca conversa e olhar distante, que gosta mais de passar o tempo consigo mesmo e, vez por outra, apresenta algum comentário um pouco mais sagaz do que é de costume ouvir. Ou aquele membro da família irritantemente feliz, que gosta de atividades aparentemente superficiais e de estar rodeado por pessoas, desfrutando de tudo que lhe é possível, que adora uma boa festa, vive viajando e parece não ter nenhum problema existencial. Talvez você possa se lembrar também daquele que pensa detalhadamente em todas as possibilidades antes de agir, ou do que resolve se aventurar em algo novo apenas após se certificar que muitos também o estão fazendo, ou ainda daquele colega da faculdade cuja existência você só tomou conhecimento quando, no evento de formatura, ouviu seu nome ser chamado para receber o certificado de conclusão do curso! Apesar de estar apresentando essas características de uma forma caricata e um pouco exagerada, é esclarecedor saber que esses tipos de personalidades estão vivendo por aí, buscando atender aos seus anseios, muitas vezes por meio da aquisição de produtos ou da utilização de serviços disponíveis, sempre motivados por necessidades e anseios internos característicos do tipo psicológico no qual cada um se enquadra. Nesse processo, há grande possibilidade de que, às vezes, se frustrem por não encontrar produtos ou serviços que se encaixem perfeitamente em seus anseios, tendo que se adaptar. Quando fazem isso, é bem provável que não desenvolvam algum tipo de fidelidade ao que estão comprando, e sim, tentem se satisfazer com o que está disponível no momento e que mais se aproxima de suas necessidades psicológicas, pois, no fim das contas, tudo vem daí.

Portanto, sem mais delongas, passemos a nos aprofundar no assunto principal deste livro. Primeiramente, daremos os devidos créditos a Jung, o psicólogo e pensador que trouxe à luz esses conceitos e essa forma de perceber o ser humano. Em seguida, aprenderemos os conceitos básicos do pensamento junguiano, o que facilitará o entendimento e a compreensão do conteúdo que será apresentado no tópico dos tipos psicológicos.

Então, mãos à obra!

@ / $

A PSICOLOGIA JUNGUIANA

Os estudos desenvolvidos por Jung na área da psicologia são muito profundos e tratam dos mecanismos psicológicos mais intrínsecos que atuam na mente do ser humano. Esses mecanismos psicológicos incluem o consciente, o inconsciente e, o mais importante, as relações e os conflitos que ocorrem entre ambos, gerando como resultado o que conhecemos por comportamento humano. Conhecer esses processos é fundamental para se ter uma vida mais plena, uma vez que esse conhecimento nos permite adquirir uma compreensão mais profunda dos indivíduos, de modo que se possa evitar muitos conflitos, interagir de forma mais adequada e conduzir nossas ações para objetivos mais específicos e harmoniosos. No prefácio da primeira edição do livro "Psicologia do Inconsciente", o próprio Jung aponta que a psicologia do indivíduo corresponde à psicologia das nações, afirmando ainda que estas fazem exatamente o que cada um faz individualmente, de modo que como cada indivíduo age, assim também agirá a nação. A analogia das casas de madeira e alvenaria, apresentada no final do tópico "Segmentação de

Mercado", tem como fundamento essa constatação de Jung.

Segundo Carlos A. F. Guimarães em seu artigo intitulado "Jung e a psicologia analítica", Carl Gustav Jung nasceu em 26 de julho de 1875, na aldeia de Kesswil, na região ao norte da Suíça. Desde cedo demonstrou uma inteligência e sagacidade intelectuais notáveis. Em 1900, tornou-se interno na Clínica Psiquiátrica Burghölzli, em Zurique, e em 1904, na mesma clínica, montou um laboratório experimental, onde criou seu inovador e conhecido teste de associação de palavras para o diagnóstico psiquiátrico, que consiste em se observar as diferenças do tempo de resposta e excitação entre o estímulo e a resposta do pesquisado, sendo essas diferenças indicações de tensões emocionais relacionadas à palavra em questão. Em 1905, aos trinta anos, assumiu a cátedra de professor de psiquiatria na Universidade de Zurique. Após conhecer Sigmund Freud, os dois tornaram-se muito amigos e desenvolveram uma grande admiração um pelo outro, porém, devido a divergências de pensamento, acabaram por romper seu trabalho mútuo e a amizade entre ambos de forma dolorosa. Essa ruptura divide, ainda hoje, partidários de ambos os teóricos. Estudar o próprio Jung já seria um trabalho vasto, pois ele tinha uma mente brilhante. Permeados pelos princípios da psicologia analítica, seus estudos começam em si mesmo, passando pelos sonhos, sincronicidade, símbolos, alquimia e até astrologia. Para quem desejar conhecer um pouco melhor a obra de Jung e os vários aspectos da psicologia junguiana, assim como orientam Calvin S. Hall e Vernon J. Nordby em seu livro "Introdução à Psicologia Junguiana", aponto para o fato de que não seria sensato escolher a primeira leitura ao acaso, pois muitos assuntos são especializados e não interessariam muito a quem está iniciando no assunto. Assim, como sugerem os autores, a melhor maneira de se chegar a Jung é por meio da leitura de seu livro "Memórias, Sonhos, Reflexões", uma autobiografia escrita já no final de sua vida, no auge de sua maturidade e conhecimento, e publicada em 1961, no ano de sua morte, o que nos permite extrair o máximo de sua profunda visão dos caminhos de entendimento que compõem a compreensão do ser humano.

Quanto à compreensão da distância até onde nos poderia conduzir a vertente psicológica de Jung, é animador observar que Hall e Nordby a consideram uma teoria compreensiva da personalidade, pois tenta responder às três questões cujas respostas formariam a perfeita concepção da personalidade humana. Segundo os autores, as questões são:

1. Quais são os constituintes que compõem a estrutura da

personalidade e de que maneira esses componentes interagem uns com os outros e com o mundo exterior?

2. Quais as fontes de energia que ativam a personalidade e de que maneira essa energia se distribui pelos diversos componentes?

3. Como se origina a personalidade e que mudanças nela ocorrem ao longo da existência do indivíduo?

Assim, devido a propor descrever a estrutura da personalidade e os primórdios de sua formação, a meu ver, este é um campo de conhecimento fundamental para que se possa, ou se deva, utilizar as teorias da psicologia junguiana para melhor compreensão do comportamento de consumidores. Para os autores, as abordagens junguianas se enquadram no âmbito dos conceitos que são mais úteis, pois apresentam uma possibilidade ampla de aplicação, devido a ter um escopo muito vasto. Considerando sua aplicabilidade nos domínios do marketing, penso que a visão da possibilidade de prever comportamentos com base na compreensão da formação das personalidades dos indivíduos vai além de qualquer tipo de estudo e pesquisa já feita na área de marketing até a atualidade.

Para uma compreensão mais clara dos mecanismos, influências e relações que moldam e definem os tipos psicológicos, será muito útil primeiramente entender alguns conceitos considerados pelo pensamento junguiano. Apresentarei apenas os conceitos mais básicos, sobre os quais se apoia grande parte das reflexões junguianas, porém creio que sejam suficientes para o nosso entendimento do que vem a seguir.

Conceitos de Jung

Na psicologia junguiana, a personalidade como um todo é denominada psique, que, apesar de sua origem latina significar originalmente "espírito" ou "alma", nos dias de hoje representa a "mente" e abrange todos os pensamentos, sentimentos e comportamentos, tanto conscientes quanto inconscientes, funcionando como um elemento de autorregulação e adaptação ao meio ambiente em que se vive. Conforme descrevem ainda Hall e

Nordby, a ideia primordial de Jung é de que uma pessoa não é uma reunião de partes que foram sendo acrescentadas pela experiência e aprendizado, como poderíamos fazer ao mobiliar uma casa, peça a peça. Ao invés disso, para Jung, antes de mais nada a pessoa já se constitui por um todo original de personalidade composto por numerosos sistemas e diversos níveis que atuam entre si. Com esse conceito, Jung rejeita explicitamente muitas teorias psicológicas que consideram que a personalidade do homem é adquirida aos poucos e que somente mais tarde, quando essa construção acontece, se torna de alguma forma uma unidade coerente e organizada. O pensamento junguiano reconhece três níveis na psique humana: a consciência, o inconsciente pessoal e o inconsciente coletivo.

Consciência

A consciência é a parte da mente conhecida pelo indivíduo, surgindo bem cedo e, segundo Jung, provavelmente até antes do nascimento. Em nossa analogia do oceano, a consciência é representada pelo primeiro metro da água que fica em contato com a superfície do mar. Ela possibilita a percepção objetiva do mundo à nossa volta e cresce com o desenvolvimento do indivíduo pela força da aplicação de quatro funções mentais. **Jung denominou estas**

funções mentais como: pensamento, sentimento, sensação e intuição. A criança não utiliza essas quatro funções de forma proporcional, passando a se valer muito mais de uma do que das demais. Essa utilização predominante de uma função sobre as outras se torna automática em seu comportamento e será uma das bases de diferenciação do caráter entre um indivíduo e outro. Como veremos mais à frente, essa distinção da consciência será um dos pilares de identificação dos tipos psicológicos.

Ego

Ego é a denominação de Jung para o modo como a mente consciente se organiza. É composto das percepções conscientes, recordações, pensamentos e sentimentos. Trabalha como uma espécie de vigia da consciência. É o filtro altamente seletivo que só permite a passagem à consciência de ideias, sentimentos, lembranças e percepções que ele mesmo reconhece, bloqueando o restante. Esse conceito talvez possa nos explicar muitos lapsos de percepção que acontecem em nossa vida e na de muitos indivíduos. Hall e Nordby o comparam a uma destilaria, para a qual muito material psíquico é levado, porém permitindo seguir adiante apenas o que consegue nele alcançar um nível de consciência suficiente ou permitido. É importante para selecionar a grande quantidade de experiências e informações que nos chega à consciência, porém já é possível antever que ele também pode privar a consciência de tomar conhecimento de informações relevantes, desde que não atendam a seus critérios de importância e permissão.

Inconsciente Pessoal

Como na psique humana nenhuma informação se perde realmente e nada do que foi experimentado deixa de existir, as informações e experiências rejeitadas, ou que não chegam a sensibilizar o ego, têm que ir para algum lugar. Jung nominou o repositório desse material todo como inconsciente pessoal, sendo este contíguo ao ego. Ali jazem todas as atividades psíquicas e conteúdos que não se harmonizam com a função consciente. Podem também ser experiências que já foram conscientes, porém por algum motivo foram reprimidas ou, por diversos motivos, passaram a ser desconsideradas, como por exemplo problemas morais ou não resolvidos, conflitos pessoais ou pensamentos desconfortáveis.

Inconsciente Coletivo

Conforme relatam Hall e Nordby ainda, a descoberta do inconsciente coletivo representou um marco na história dos estudos psicológicos. Esse foi um conceito introduzido por Jung no mundo da psicologia e constitui-se da constatação de que a mente herda as características que determinam de que maneira um indivíduo reagirá às experiências da vida, chegando ao ponto de determinar até os tipos de experiências pelos quais este indivíduo passará. Assim, a mente do indivíduo já nasce pré-programada pela evolução de sua espécie, na forma de predisposições, ou uma tendência potencial, para experimentar e responder ao mundo da mesma forma como fizeram seus antepassados. São potenciais comportamentos e reações que já nascem com o indivíduo e que influenciam sua forma de sentir e pensar. Em uma comparação com o inconsciente pessoal, pode-se dizer que, enquanto este é formado por conteúdos que foram conscientes em determinado momento, ou pelo menos experienciados no passado, o conteúdo do inconsciente coletivo jamais foi vivido pelo indivíduo, constituindo-se de imagens latentes, ou imagens primordiais, como denomina Jung. Essas imagens primordiais dizem respeito ao desenvolvimento mais primitivo da psique. Em termos mais coloquiais, o nascedouro do comportamento, o ponto mais próximo que se chegou até hoje entre o material e o imaterial, entre o que o indivíduo sente e pensa e quem ele realmente é. Segundo os autores ainda, o indivíduo seguirá, desde o dia de seu nascimento, um padrão de comportamento pessoal pré-formado, que foi estimulado pelos conteúdos de seu inconsciente coletivo, sendo estes responsáveis pela seletividade de percepção e ação. Devido a essa seletividade potencial, o indivíduo percebe com mais facilidade certas coisas ao invés de outras, reagindo a elas de certo modo porque o conteúdo de seu inconsciente coletivo o predispõe a isso.

Arquétipos

Os arquétipos são o que podemos chamar de "uma definição mais descritiva dos conteúdos do inconsciente coletivo", mencionados no item anterior. A palavra arquétipo significa um modelo original, que dá forma a outras coisas que são do mesmo tipo. Um "protótipo psicológico", ou uma forma de comportamento pré-estabelecida por repetição.

- Jung afirma: "Existem tantos arquétipos quantas as situações típicas na vida. Uma repetição infinita gravou essas experiências em nossa constituição psíquica, não sob a forma de imagens saturadas de conteúdo, mas a princípio somente como formas sem conteúdo que representavam apenas a possibilidade de certo tipo de percepção e de ação."

Para Hall e Nordby, um arquétipo é como um negativo que pode ser revelado pela experiência. Assim, o arquétipo materno seria mais como as sensações e predisposições associadas à figura de uma mulher que cuida e provê.

- Jung: "Uma imagem primordial só é determinada quanto ao conteúdo depois que se torna consciente e está, portanto, preenchida pelo material da experiência consciente."

Para que se possa compreender adequadamente os arquétipos, penso que se possa considerá-los como imagens inconscientes carregadas de sentidos, cuja relevância é o fato de conseguirem se espelhar no mundo psicológico perceptível do indivíduo na forma de predisposições e tendências. Dessa forma, pode-se perceber que os arquétipos têm grande importância na formação da personalidade e do comportamento dos indivíduos.

Individuação

E para finalizar a apresentação dos termos básicos da teoria junguiana, é importante que se apresente também este termo que, dentro do universo junguiano, representa a realização máxima do indivíduo, sendo para onde todo o desenvolvimento da psique o conduz. A individuação não deixa de ser um arquétipo que influencia inexoravelmente os processos internos e que, de uma forma ou de outra, conduz o desenvolvimento para uma realização, onde todos os aspectos da personalidade se tornam diferenciados e equilibrados, passando a funcionar como uma unidade completa. Na concepção do pensamento junguiano, o indivíduo começa sua vida em um estado de totalidade indiferenciada, ou seja, onde os conteúdos de sua personalidade não reconhecem a si mesmos como o que são, confundindo-se entre si. Nesse estado de estrutura simplificada, os aspectos da personalidade dispõem de poucos recursos para se fazer conscientes, ao passo que, conforme vão se individualizando, começam a expandir seu conhecimento de si mesmos, tornando-se estruturas mais complexas e conscientes. Esse processo de autoconhecimento, ou individuação, lhes permite tomar conhecimento de sua diferenciação em relação aos outros aspectos da personalidade e interagir de forma mais equilibrada, conquistando um maior repertório de ações e reações conscientes. Como observou o próprio Jung, essa realização é rara, ou pode nunca ser alcançada, salvo por um Jesus ou um Buda, que atingiram seu máximo desenvolvimento.

Porém, que isso não nos desanime, pois cada novo patamar de consciência que conquistamos nos leva para uma pequena individuação e, consequentemente, para um estado de satisfação que é suficiente para nos proporcionar algumas mudanças benéficas em nossas vidas! É essa busca incessante, incluindo essas pequenas recompensas, que fazem o mundo girar e que nos causam aquela impressão quase inconsciente de que, de alguma forma, estamos sempre caminhando para algum tipo de paraíso, talvez nosso paraíso pessoal.

A partir deste ponto, após termos conhecido um pouco do que

trata a psicologia junguiana e de seus principais conceitos, é hora de efetivamente conhecer do que tratam os tipos psicológicos, conhecimento este que, segundo o próprio Jung, foi fruto de aproximadamente vinte anos de seu trabalho no campo da psicologia prática e que foi sendo amadurecido por meio de inúmeras impressões e experiências em seus tratamentos de doenças nervosas, de relações entre homens e mulheres de todos os níveis sociais, de sua forma pessoal de lidar com seus amigos e inimigos e de sua crítica acerca de suas próprias características psicológicas. Penso sinceramente que esse conteúdo tem o potencial de mudar a forma como observamos e avaliamos nossos públicos-alvo.

Sigamos então rumo ao nosso objetivo!

@ / $

OS TIPOS PSICOLÓGICOS E AS FUNÇÕES PSÍQUICAS

Não há dúvida de que nós, humanos, somos seres muito complexos e essa complexidade possibilita muitas formas de classificação dos aspectos e elementos dos quais somos constituídos. Essa infinidade de possibilidades torna realmente difícil atingir um estágio de certeza absoluta sobre o que quer que seja a respeito de nós mesmos. A ciência da medicina nos mostra isso em sua busca infinita, sempre escalando patamares de entendimentos mais elevados sobre nossa porção física, nos trazendo novas certezas, enquanto outras são descartadas. Vez por outra, em situações ainda mais intrínsecas, uma nova certeza não chega a contradizer outra, mas considera certas condições sob um novo campo de visão, o que pode resultar em conclusões paralelas e diferentes, porém não contraditórias. Entretanto, quando se trata de nossa porção psicológica e menos visível sob um microscópio físico, a coisa fica ainda um pouco mais complexa. Nesse campo de compreensão, há muitos ângulos na direção dos quais podemos avaliar a mesma coisa e, consequentemente, muitas formas e vertentes de pensamento e classificação na busca de compreender o que somos e por que somos. Do mesmo modo que acontece no mundo físico, uma forma ou vertente de pensamento não invalida outra, podendo trazer uma nova estrutura de classificação de nossos comportamentos que ampliará e aprofundará nossa compreensão, enriquecendo sobremaneira o que já sabemos sobre nossos modos de pensar e agir. Segundo Daryl Sharp, em seu livro "Tipos de Personalidade – o Modelo Tipológico de Carl G. Jung", enquanto classificações mais antigas foram elaboradas com base nas observações de padrões de comportamento temperamental ou emocional, o modelo de Jung refere-se ao movimento da energia psíquica e ao modo como cada indivíduo preferencialmente, ou habitualmente, se orienta no mundo.

Como o conteúdo deste livro destina-se a fins práticos, buscando uma análise mais refinada de comportamento de consumo, não serão descritos ou tratados casos extremados de cada tipo psicológico, onde o indivíduo se funde mais intensamente com a respectiva função psíquica de seu tipo, gerando distorções de comportamentos que não são de interesse para nossos estudos. Casos assim são objetos mais ricos de estudos para profissionais da área da psicologia. Tentarei também ser o menos interpretativo possível e mais descritivo quanto aos aspectos e características dos tipos definidos por Jung, de modo a manter maior fidelidade ao conteúdo. Interpretações e adaptações de tais conhecimentos poderão, e deverão, ser elaboradas após a leitura para que sirvam de base para aplicação em análises e estudos no campo do marketing.

O tipo Introvertido e o tipo Extrovertido

Jung diferencia dois tipos gerais de disposição de comportamento, denominados introvertido e extrovertido. Introversão e extroversão são formas psicológicas de adaptação, ou seja, as modificações que ocorrem nos agentes na relação entre sujeito e objeto. No tipo introvertido, o movimento da energia psíquica é direcionado para o mundo interior, enquanto no tipo extrovertido, a atenção é dirigida para o mundo exterior. Esse direcionamento é de vital importância para ambos os casos, sendo que na introversão a energia psíquica vai para o sujeito ou realidade interior, enquanto que na extroversão, é direcionada para o objeto ou para as coisas e as outras pessoas. Assim, enquanto o tipo extrovertido se submete às situações dadas porque entende que não pode agir de outra forma, o tipo introvertido tem a convicção de que, mesmo tendo as coisas sido sempre assim, não precisam ser de tal modo e ele as pode fazer da sua própria maneira. Ao passo que o extrovertido se orienta com base nos fatos que o mundo externo lhe fornece, o introvertido possui uma opinião que se interpõe entre ele e a realidade externa e objetiva. Em um outro ângulo de análise bem genérica, pode-se dizer que o tipo extrovertido se caracteriza por sua doação e intromissão em tudo, enquanto a tendência do tipo introvertido é defender-se contra as solicitações externas e precaver-se de qualquer dispêndio de energia que se refira ao objeto, criando para si mesmo uma posição o máximo possível segura e fortificada.

Paralelamente às duas formas de direcionamento da energia psíquica, há quatro tipos funcionais, denominados pensamento, sentimento, sensação e intuição. Os quatro tipos funcionais coexistem com os dois tipos gerais de disposição. Assim, para cada tipo de disposição haverá quatro funções, ficando a classificação, segundo Jung, da seguinte forma:

Pensamento Extrovertido

Sentimento Extrovertido

Sensação Extrovertida

Intuição Extrovertida

Pensamento Introvertido

Sentimento Introvertido

Sensação Introvertida

Intuição Introvertida

Há ainda uma subdivisão por afinidade de função:

- **Pensamento e Sentimento**: funções racionais ou judicativas, pois se caracterizam pela predominância das funções racionais e julgadoras, estando a vida, para ambas, subordinada ao juízo ou critério racional.

- **Sensação e Intuição**: funções irracionais, pelo fato de basearem sua ação e não ação na intensidade absoluta da percepção, apegando-se ao que acontece e não foi submetido a qualquer seleção por parte do juízo.

Nosso tipo enquanto avaliadores e a compensação consciente

Neste ponto há de se considerar que, mesmo na posição de agentes da análise, estamos mergulhados em nossa própria categoria de tipo, tendo a nossa percepção continuamente influenciada pelas características e tendências de nosso tipo em particular. Desse modo, é natural que estejamos inclinados a entender tudo sob a ótica de nosso próprio tipo. O ideal é que saibamos a qual tipo psicológico nós mesmos pertencemos, para que tenhamos em mente quais inclinações são inerentes ao nosso modo de pensar e quais influências estão atuando em nossa própria percepção, de forma que seja possível equilibrá-la por meio da nossa razão. Em suas análises, Jung nos alerta sobre a dificuldade do julgamento sobre a própria personalidade pois, para toda característica mais evidente observada, há também uma tendência de compensação dessa unilateralidade típica, uma vez que a psique sempre luta para manter seu equilíbrio, mesmo que de forma subconsciente. Essa compensação é secundária e não altera o tipo a que se pertence, porém gera confusão nas tentativas de análise da própria personalidade. Mas isso não é motivo de preocupação, pois há alguns testes de identificação de tipo psicológico que, se realizados por um psicólogo experiente, podem nos revelar o tipo psicológico específico ao qual pertencemos. As informações sobre estes testes estão descritas mais à frente, no tópico "Testes de Identificação de Tipos Psicológicos Junguianos".

Porém, se um teste de personalidade for inviável no momento, é bom ter em mente também que toda tendência e influência do universo inconsciente age de forma mais disruptiva e invisível quando nos vemos em algum tipo de estado emocionalmente intensificado, mesmo que de forma branda, quer seja em uma eventual ansiedade, tensão, expectativa, raiva, medo, empolgação, tristeza ou o que quer que seja que nos tire da razão. Felizmente para nosso propósito, é muito provável que, ao elaborarmos nossas análises, estejamos em algum ambiente seguro e sem muitos gatilhos emocionais, em um estado racional em que é mais fácil construir análises mais neutras e imparciais. Então, mantendo-se nesse estado calmo e seguro, é relevante procurar filtrar nossas próprias percepções, para que sejamos capazes de estabelecer uma neutralidade suficiente e produzir resultados confiáveis em nossas análises. Em contribuição a isso, como fundamento para que se tenha uma visão mais clara dos tipos psicológicos e suas nuances, Jung apresenta sua concepção da relação que ocorre entre o consciente e o inconsciente da mente humana, independente de qualquer que seja o tipo. Para ele, o inconsciente irrompe constantemente na superfície dos eventos psicológicos, tornando difícil, às vezes, identificar quais características correspondem à personalidade consciente e quais correspondem à inconsciente. Para diferenciar qual é consciente e qual é inconsciente, deve-se verificar qual é a função que está sujeita ao controle e motivação conscientes e quais revelam um caráter contingente e espontâneo (inconsciente). A função consciente estará evidenciada, num grau superior às outras, e com uma impressão de normalidade, enquanto as funções inconscientes estarão num grau secundário, com qualidades infantis e primitivas, apresentando elementos de conteúdo anormal e patológico. Diz ainda que, quanto mais uma função é negada pelo consciente e reprimida, mais ela se apodera das intrínsecas e inexoráveis forças do inconsciente para irromper, da maneira mais arcaica e primitiva possível, na superfície dos eventos psicológicos de forma incontrolável ou imperceptível, por meio de impulsos.

@ / $

COMPENETRAÇÃO E ABSTRAÇÃO

Jung cita Wilhelm Worringer, historiador de arte alemão, que identificou as formas por meio das quais os tipos extrovertido e introvertido se relacionam com o objeto. Segundo ele, o tipo extrovertido se relaciona com o objeto por meio da compenetração, enquanto o tipo introvertido se utiliza da abstração.

Citando também Wilhelm Wundt, psicólogo e filósofo alemão, Jung explica que a compenetração é uma espécie de processo de percepção, intermediada pelo sentimento, que situa no objeto o conteúdo psíquico do próprio indivíduo, essencial e inconsciente. Esse conteúdo dilui o objeto no sujeito de tal forma que o sujeito passa a perceber-se no objeto, sem que isso seja consciente para ele. Portanto, segundo Jung, neste caso será bela toda e qualquer forma na qual o observador possa se compenetrar. Theodor Lipps, filósofo alemão, autor também mencionado por Jung, confirma essa premissa quando diz que, para o extrovertido, só há beleza na forma quando existe essa compenetração. A beleza percebida na forma é o ideal ou a idealização do indivíduo, a transferência do seu próprio viver para a forma do objeto. A forma onde a compenetração não é possível torna-se feia. A compenetração é um movimento favorável, de boa disposição que, na assimilação do conteúdo subjetivo ao objeto, gera um acordo entre sujeito e objeto. Graças à compenetração é possível criar a semelhança e a aparência do comum, que na verdade não existem realmente. O indivíduo que compenetra busca experimentar sua própria vida no objeto.

A abstração, dada pelo tipo introvertido, como estilo contrário, nega a vontade de vida, distinguindo-se dela por meio de formas inorgânicas e abstratas, com a tendência de subjugar a vida. Ao citar Worringer, Jung diz que, ao contrário do impulso de compenetração, que tem como condição uma relação feliz e de confiança entre o homem e os fenômenos do mundo exterior, o impulso de abstração é consequência da inquietação interior provocada por esses mesmos fenômenos. A abstração é a disposição que evita e procura se proteger contra a influência do objeto, provocando uma atividade psíquica com objetivo de paralisar a influência. A abstração pressupõe o objeto como algo que vive e atua, e por isso tenta furtar-se à sua influência. O conceito de abstração de Worringer corresponde à disposição introvertida, onde designa o influxo do objeto ao temor ou timidez. Então, o que abstrai, adota uma postura de quem vê no objeto uma qualidade temível, uma ação nociva ou perigosa, contra a qual tem que se defender. Segundo Jung, o indivíduo que abstrai vive em um mundo medrosamente animado, mundo este que pretende oprimi-lo com a superioridade de suas forças. Por isso se fecha em si mesmo, buscando salvar-se, elevando ao máximo seu valor subjetivo, até se sentir páreo para, pelo menos, enfrentar o objeto e ser capaz de resistir ao seu influxo. O que abstrai se encolhe, desconfiado, ante os demônios do objeto, e com maquinações abstratas, ergue defesas em um antimundo.

O introvertido, em virtude de sua profunda sensibilidade e faculdade de realização, tem um verdadeiro medo das transformações muito rápidas ou violentas nas excitações. Ele teme essas excitações, o que gera sua grande inquietação interior ante os fenômenos do mundo exterior. Suas abstrações buscam conservar o que é irregular, transitório e mutável, dentro dos limites do legítimo, recorrendo a um conceito geral. Para Jung, esse procedimento é fundamentalmente mágico e pode-se observar fortemente entre os povos primitivos, cujos símbolos geométricos revelam maior valor mágico do que de beleza.

@ / $

O TIPO EXTROVERTIDO

Segundo Jung, esse tipo orienta-se de acordo com o mundo exterior. Nele, há o predomínio da orientação segundo o objeto, sendo suas ações condicionadas por condições objetivas. **Por objeto entende-se os estímulos e coisas do mundo externo ao indivíduo, como pessoas, fatos, contextos, circunstâncias e os próprios objetos.** Para esse tipo, o objeto representa uma função mais importante do que a do seu ponto de vista subjetivo (o mundo objetivo é mais importante do que o seu mundo subjetivo, interno). Desse modo, até a saúde do corpo não é levada suficientemente em conta, considerada como pouco objetiva, pouco exterior. Só se dará conta do problema físico quando tiver os primeiros sintomas anormais, pois passará a considerar o problema como algo palpável e objetivo. Não é o caso de que este tipo não tenha opiniões subjetivas, porém a força determinante das condições objetivas externas é maior do que suas opiniões subjetivas. Seu íntimo então submete-se às exigências externas, mesmo nos casos em que se opõe a elas, sendo estas as que predominam e conduzem seu direcionamento. Não mantém valores absolutos em seu interior, pois encontra esses fatores absolutos no mundo exterior. Por fim, acaba por entregar sua intimidade às exigências externas. Toda sua consciência volta-se para fora, pois as determinações para si vêm de fora. Sua auto-percepção de "normalidade" é reforçada pelo fato de levar em pouca consideração a realidade de suas necessidades internas e subjetivas. Ao contemplarmos estas primeiras características, já podemos concluir que todo estímulo a esse tipo, que minimizar ou desviar sua atenção de suas próprias questões internas subjetivas, poderá fortalecer em sua auto-percepção uma confortável e bem-vinda imagem de normalidade.

Interesse e Atenção do Tipo Extrovertido

Este tipo mantém interesse e atenção nos eventos objetivos externos, primeiramente os que acontecem em seu contexto mais próximo. Pessoas e coisas cativam seu interesse, sendo influenciado por elas e também as influenciando. Suas ações são orientadas por essa influência. Mesmo quando não está agindo a estímulos externos, ainda assim suas ações estarão imbuídas de um caráter de adaptação às condições e circunstâncias externas. Apesar de agir no mundo externo, não tem qualquer tendência para ultrapassar os limites que se impõem a ele. Seu interesse está nos eventos objetivos e suas leis morais coincidem com as da sociedade e com a concepção moral vigente. Geralmente estará de acordo com qualquer condição que se destaque no seu mundo imediato e circundante, acomodando-se sem dificuldades às condições dadas, de modo a esgotar as possibilidades dessas condições. Como por exemplo, escolher a profissão que no contexto atual lhe oferece possibilidades mais promissoras, fazer aquilo que de momento é preciso e deixar de fazer quando exceda o que deles se espera. Essa tendência de conformidade fará com que evite grandes inovações que se apresentem e que não lhe pareçam plausíveis ou que estejam além das expectativas do seu meio circundante. Mesmo quando se opõe a condições objetivas externas anormais, o faz no sentido de compartilhar esse estado de oposição com todos que vivem a mesma condição, sob a ótica de leis e regras de validade geral. Esse tipo se dispõe a acreditar que tudo que está dentro de si mesmo, e dos outros, trata-se apenas de imaginação. Em casos extremos, quando a disposição extrovertida é demasiada, o indivíduo pode se sacrificar, por exemplo, em consequência do aumento dos negócios, pois o extrovertido tem que corresponder às possibilidades que se oferecem, até esgotá-las. Assim, corre o risco de ser absorvido pelos objetos, perdendo-se totalmente neles. Jung cita, como um caso extremo, o exemplo do homem de negócios que, devido a muito trabalho, reprimiu seu lado artístico, começando a manifestar, de forma inconsciente e fantasiosa, esses "dotes artísticos" em seus produtos, passando a produzir de acordo com seu gosto infantil e primitivo reprimido. Assim, levou sua empresa à falência. Para a percepção de Jung, nos casos mais extremados de extroversão, a neurose mais comum é a histeria, cuja característica principal é o relacionamento exagerado com o objeto externo, quer sejam pessoas ou circunstâncias, na busca de se tornar interessante e causar impacto. Esse traço se contrapõe à sua forte tendência de ser sugestionável às opiniões externas, o que pode torná-lo tanto influenciável quanto influenciador.

Jung explana também sobre a função compensatória do inconsciente, função esta que atua nos aspectos opostos aos que recebem maior carga de energia e diferenciação e que agem predominantemente no consciente. Essa função busca compensar a falta de energia direcionada aos aspectos menos privilegiados pela psique, trazendo à superfície, vez por outra, como uma válvula de escape, comportamentos e atitudes opostas aos aspectos determinantes. Essa dinâmica acontece com o objetivo de manter um nível aceitável de saúde psicológica e é causa principal de se poder ver um tipo psicológico agindo, eventualmente, de forma oposta ou complementar à sua própria característica predominante. Assim, no caso de um tipo extrovertido, essa função poderá manifestar, em determinadas situações, atitudes introvertidas como forma de equilibrar o fluxo da energia direcionada aos diversos aspectos de atuação da psique. Entretanto, esse mecanismo só se tornará relevante em casos de desequilíbrio emocional, onde o aspecto predominante pender para o extremo de sua expressão, ou em casos patológicos, quando os aspectos opostos e subconscientes irromperão de forma primitiva e infantil, contrapondo-se contundentemente e de forma prejudicial aos aspectos predominantes em busca por equilíbrio. Devido a essas características, a função compensatória inconsciente pode ser mais relevante para psicólogos e para casos mais intrínsecos e aprofundados, com objetivos de análises mais criteriosas do indivíduo. Para nosso caso de análise de comportamento de consumo, essa função da psique não produzirá uma interferência relevante.

Como é possível observar, as características de percepção e atuação do tipo extrovertido têm uma natureza adaptativa e permeável a influências externas, tendo a tendência de seguir por caminhos já trilhados, ou de consenso geral, ou ainda de tomar ações que se apresentem com algum peso de recomendação por alguma entidade – quer seja instituição, personalidade ou dito popular – com certo grau de validação já estabelecida. Essa natureza intrínseca faz do extrovertido o tipo que pode ser mais efetivamente conduzido em campanhas de marketing mais abrangentes, em que se crie um senso comum de percepção, conceitos e ação, desde que haja uma boa receptividade pelo consenso geral. Pelas suas características, esse tipo também poderá se tornar um agente influenciador, desde que aceite e valide as influências que ele mesmo recebeu do ambiente.

Contudo, para entendermos mais precisamente de que formas essas influências externas atuarão na percepção do tipo extrovertido, vejamos a seguir os quatro subtipos de percepção que este pode possuir.

@ / $

OS TIPOS RACIONAIS EXTROVERTIDOS

PENSAMENTO E SENTIMENTO

Das quatro subdivisões do tipo extrovertido, Jung considera e agrupa o tipo pensamento e o tipo sentimento como sendo racionais. Assim ele o faz porque estes se caracterizam pela predominância das funções racionais e julgadoras. Para ambos, a vida está subordinada ao juízo ou critério racional. O juízo racional busca impor, ao desordenado evento real, formas determinadas. Isso dá origem a uma seleção de possibilidades que só são aceitas, conscientemente, com a concordância da razão. Também dá origem a uma restrição das funções psíquicas que servem para perceber o que acontece. Busca excluir conscientemente as casualidades que se lhe apresentam em nome da racionalidade na condução das coisas da vida. Para fazer isso, o julgamento, até onde consegue, obriga as casualidades e o que é desordenado a ajustar-se a suas estruturas formais já aceitas. O resultado é que, entre as possibilidades da vida, esse tipo recebe conscientemente apenas o que lhe é racional, enquanto a função da percepção dos fatos fica fortemente limitada. Para ele, é difícil aceitar o fato das relações permanecem apenas durante o tempo em que as circunstâncias apresentem algo em comum aos envolvidos. A contrapartida na psique desse tipo é o fato de que suas sensações e intuições, que foram em grande parte reprimidas no inconsciente, possuirão uma natureza primitivo-infantil. Essa observação de Jung nos sugere que não poderemos confiar em estratégias que dependam da ativação das sensações ou das intuições desse tipo. Por outro lado, sua tendência à relutância em admitir o fim de uma relação pode, de alguma forma, manter cativa sua fidelidade, mesmo após um produto ou campanha deixar de fazer sentido para ele. Importante esclarecer ainda que sua racionalidade está de acordo com o que é considerado racional para a grande maioria ou para o conceito comum da coletividade, de forma que tudo o que não atende a esse critério lhe será irracional.

Assim, os produtos da percepção são submetidos à seleção do juízo racional e só serão aceitos pelo consciente se fizerem sentido sob este juízo. A intensidade da percepção não é decisiva para motivar suas ações. O juízo é decisivo. As funções perceptivas são suprimidas no inconsciente, assim como o sentimento no tipo pensamento, e o pensamento no tipo sentimento.

@ / $

TIPO PENSAMENTO EXTROVERTIDO

O Pensamento

Antes de adentrarmos nas características específicas desse tipo, é importante conhecer como o mecanismo do pensar acontece e como se manifesta no tipo extrovertido. Pode-se reconhecer a função pensamento manifestada em um indivíduo em que a reflexão é a principal condutora de suas ações mais importantes, de modo que estas últimas sejam fruto de motivações geradas por meio do intelecto. Pelo que Jung explana sobre o pensamento, este implica em algum juízo, julgamento ou critério. Para que estes se manifestem, é necessário que a ação psíquica esteja estabelecida em um estado analítico sobre o objeto, com uma orientação e direcionamento a algum tipo de conclusão. O pensar pode se alimentar de duas fontes:

- fontes subjetivas e/ou fontes inconscientes da psique;

- dados objetivos transmitidos pelas percepções.

No caso do tipo extrovertido, a direção do pensamento estará mais predominantemente na segunda fonte, enquanto que no tipo introvertido, estará na primeira.

Pensamento Extrovertido

O tipo pensamento extrovertido acrescenta e combina as características da função pensamento à forma de orientação da disposição extrovertida e aos processos de julgamento da mente racional. Segundo Jung, é orientado pelos objetos e pelos dados objetivos que lhe são transmitidos pelas percepções sensoriais. Busca submeter as atividades de sua vida às conclusões intelectuais orientadas por esses dados objetivos. Para o juízo extrovertido, é mais válida a norma que se obtém por meio das relações objetivas, podendo ser tanto um fato objetivo quanto uma ideia objetiva. Esse pensar pode ser puramente ideal, na medida em que a ideia provenha do exterior do indivíduo, como ideias transmitidas pela tradição, educação e formação pessoal. O pensar extrovertido limita-se ao "pensar sobre", no sentido de imitação que exprime apenas o que é visível e imediatamente contido na informação objetiva, ficando reprimida qualquer possibilidade de pensamento reflexivo. Assim, tenderá a subordinar todas suas manifestações a conclusões intelectuais, orientando-se com base nos dados concretos objetivos, nos fatos exteriores ou genéricos, nos conceitos previamente dados, quer sejam fatos objetivos ou ideias de validade universal. Ao orientar-se no sentido do objeto, segundo Jung, a essência da função mental aparenta uma fascinação pelo objeto, como se ela não pudesse existir sem tal orientação exterior. Quanto mais de fora vierem as influências, mais favoráveis e aceitas serão. É quase como se atingisse o seu auge quando se une a uma ideia de validade universal. Não consegue libertar-se do que é objetivamente dado para formar um conceito abstrato. Apoia-se no objetivamente dado sem jamais exceder seus limites, sem sequer tentar associar a experiência a outra ideia objetiva possível. Jung cita que a mentalidade materialista oferece os melhores exemplos para esse tipo.

Conforme definição de Jung ainda, a força decisiva desse tipo, ou sua fórmula intelectual, é objetivamente orientada, o que equivale a dizer que a maioria de suas decisões tem como base pensamentos e sentimentos derivados de reflexões objetivas. Essa fórmula é a medida do bom e do mau, do belo e do feio. Tudo que corresponder favoravelmente a essa fórmula é bom (belo), tudo que contradiga a fórmula é mau (feio). Tudo o que ocorra indiferentemente ou à margem dessa fórmula é casual ou acidental. Não tolera exceções, considerando como imperfeição ou falha a ser eliminada tudo o que contradiga sua fórmula. Faz isso em nome da justiça e da verdade. Por consequência, exige também dos que o circundam a submissão à sua fórmula intelectual, buscando o próprio bem de todos. Quem não o fizer será julgado como errado, irrazoável, sem consciência ou imoral, colocando-se contra as leis do mundo. Caso conclua que deve integrar em sua realidade a tolerância em casos específicos, como doentes e incapazes, buscará providenciar meios de lidar com isso na forma de planos e projetos de órgãos de atendimento, hospitais, escolas e comunidades. Esse direcionamento faz desse tipo um forte influenciador do seu meio, além de também ser influenciado pelo ambiente externo, podendo ter um importante papel social. Em casos extremos, quando sua fórmula intelectual se torna muito rígida, pode tornar-se um resmungão crítico, buscando comprimir tudo dentro das definições de seu esquema mental pré-estabelecido.

As formas vitais que dependem do sentimento são as primeiramente reprimidas nesse tipo: as atividades estéticas, o gosto, o sentido artístico, o culto da amizade etc. As formas irracionais, como as experiências religiosas e paixões, são geralmente erradicadas até a inconsciência total. Essas formas vitais passam a existir apenas na esfera inconsciente. Porém, mais cedo ou mais tarde essas formas vitais se farão sentir indiretamente, perturbando o comportamento consciente. Nessas ocasiões, esse indivíduo adota algum tipo de atitude, que justifica racionalmente essas perturbações, flexibilizando sua fórmula rígida, servindo de válvula de escape. Devido à disposição consciente ser mais ou menos impessoal, esse tipo subordina seus interesses pessoais, menosprezando-os, em prol dos ideais. Porém, devido à repressão de seus sentimentos aos domínios do inconsciente, se sua verdade for criticada, sua impessoalidade será suplantada por sentimentos primitivos, e seu crítico será injuriado com agressões sem argumentos. Todas as tendências reprimidas neste indivíduo provocam acessos de hesitação e vacilação. Para defender-se da dúvida, então, a disposição consciente fanatiza-se. Para Jung, o fanatismo é então a compensação da dúvida. Assim, ele assume uma posição consciente exagerada, uma certeza imoderada e defendida com exagero. Jung afirma que o tipo pensamento é encontrado mais entre os homens, já que o pensar é uma função mais suscetível de predominar no homem. Quando atuando em seu lado sombra, por identificar-se ou acreditar cegamente na verdade e validade de seus ideais abrangentes e amplos, pode recorrer a meios desonestos com o objetivo de alcançá-los, orientando-se pelo princípio em que "os fins justificam os meios". Seu engajamento intensificado a esses ideais pode também forçá-lo a preterir as necessidades de sua família, tornando-se um tirano em seu próprio lar enquanto é admirado pela comunidade devido a seus feitos. Infelizmente, exemplos das últimas características acima podem ser observados em políticos, cientistas, filósofos, entre outros personagens com grande reconhecimento público.

Podemos observar que o tipo pensamento extrovertido, não tendo suas funções internas de reflexão desenvolvidas, na mesma medida em que as percepções de si mesmo e de suas próprias necessidades são suprimidas, é mais facilmente atraído por valores e verdades universais, principalmente quando direcionadas por visões mais altruístas, que buscam uma ação mais abrangente sobre uma comunidade ou população. Como tem dificuldade em lidar com suas próprias dúvidas e reflexões, quando exposto a valores universalmente aceitos, abrangentes e altruístas, tenderá a integrá-los em seus próprios modelos intelectualizados, podendo tornar-se um defensor e disseminador de tais valores. Sabendo disso, creio que poderemos conquistar a simpatia e fidelidade do tipo pensamento extrovertido abarcando esses valores em nossas marcas, produtos e campanhas.

@ / $

TIPO SENTIMENTO EXTROVERTIDO

O Sentimento

A função do sentimento, em vários graus particulares, é conhecida pela grande maioria dos indivíduos. Nos traz algum tipo de emoção que pode, em seus dois extremos, nos colocar em um estado de tensão e afastamento ou afinidade e engajamento. No tipo sentimento, o foco predominante recai sobre esse processo de sentir e das conclusões e impressões que resultam dessa percepção. Como consequência, suas decisões e ações são predominantemente direcionadas a lidar, de uma forma ou de outra, com o resultado da relação com seus próprios sentimentos ou com o que percebem dos sentimentos dos que os rodeiam. Como função racional, assim como o pensamento, a ação do sentimento se estabelece em um estado analítico e de juízo, buscando minimizar as casualidades em nome da condução racional dos sentimentos envolvidos. O sentimento pode também se alimentar de fontes subjetivas e/ou inconscientes, assim como de dados objetivos transmitidos pela percepção. No caso do tipo extrovertido, o sentimento será orientado para os dados objetivos, quer sejam percebidos internamente no próprio indivíduo ou recebidos do meio externo.

Sentimento Extrovertido

Similarmente ao tipo pensamento extrovertido, este acrescenta e combina as características da função sentimento à forma de orientação da disposição extrovertida e à forma judicativa da mente racional. Segundo Jung, é orientado para o objetivamente dado, ou seja, o objeto é o determinante insubstituível do modo de sentir. Submete-se à influência do objeto. Mantém-se sob o domínio de valores tradicionais ou que têm uma vigência geralmente aceita. Mesmo quando aparenta independência do objeto concreto, ainda está submetido a valores tradicionais ou aceitos de forma geral.

Nesse tipo, principalmente devido à educação, o sentimento evoluiu para uma condição ajustada e submetida ao controle de sua consciência. Por isso, sua personalidade se mostra ajustada às condições objetivas, estando os sentimentos em sintonia com as situações objetivas e com os valores aceitos em geral. Pode se atrair pelos predicados "bom" e "belo", mas não porque seu sentimento objetivo acha o objeto "bom" ou "belo", e sim porque é conveniente chamá-lo de "bom" ou "belo". E convém porque o juízo contrário, o de que "não é bom ou belo", seria perturbado pela situação sentimental genérica e aceita. Jung diz não se tratar de uma questão de simulação ou mentira, mas de um ato de conveniente adaptação. Assim, pode qualificar algo de "belo", não porque sente realmente que o seja, mas porque no dado momento pressupõe que as circunstâncias que se apresentam, sob as quais acontece o julgamento, exigem essa qualificação em nome da condução adequada dos sentimentos de todos os envolvidos. Como por exemplo, julgar belo um quadro em uma galeria de arte, porque se pressupõe que uma obra de arte em uma galeria de arte seja bela, ou para não desagradar o recém-comprador de tal obra, ou ainda devido à disposição de se manter uma atmosfera agradável.

Faz todo o possível para livrar-se dos influxos subjetivos, que vêm de dentro de si mesmo. O valor das resultantes do ato de sentir responde diretamente a valores objetivos, ou a padrões de valor tradicionalmente estabelecidos e aceitos. Para Jung, tem-se um bom exemplo desse tipo de sentir nas pessoas indo ao teatro ou à igreja, cheias de sentimentos positivos corretamente medidos e avaliados. As modas, a ajuda positiva dos empreendimentos sociais, filantrópicos e culturais em geral também são bons exemplos. Sem esse tipo, mesmo que em proporção menor na composição de uma personalidade, seria impossível uma convivência social bela e harmônica. A personalidade desse tipo adaptou-se às circunstâncias subjetivas, uma vez que reprimiu em grande parte a subjetividade. Seus sentimentos se sintonizam e correspondem a situações objetivas e a valores de vigência geral. Como exemplo, Jung cita o relacionamento em que a mulher desse tipo escolhe o homem que convém ou se adapta, não porque corresponde à sua essência, mas porque sua posição social, sua idade, sua fortuna, sua presença física ou sua família correspondem a todas as exigências razoáveis. Trata-se, contudo, de uma escolha autêntica, em que seu sentimento amoroso corresponde plenamente à sua escolha, não se tratando de uma simulação. Dessa forma, dentro da normalidade em um casamento, mulheres desse tipo tornam-se boas companheiras e mães.

Segundo Jung, é o tipo que mais reprime seu pensamento, pois nada perturba tanto o sentir desses indivíduos quanto o pensar. Por isso, apesar de ainda haver um pensar, este torna-se mais um apêndice do seu sentimento, sendo incapazes de pensar conscientemente aquilo que não possam sentir. Assim, suas conclusões e ações são predominantemente impulsionadas pelos sentimentos, vindo depois o pensamento em busca de conformidade com tais conclusões e ações. Enquanto o sentimento consentir, pode pensar, porém qualquer conclusão, por mais lógica que seja, que possa provocar uma perturbação no que ela sente, ou que não convier ao sentimento, será rejeitada. Não chega sequer a ser pensada. O restante parece existir fora dele próprio. Assim, tudo quanto for bom, segundo uma valorização racional objetiva, é apreciado e amado. Porém, como a lógica e as deduções exatas têm que acontecer em algum lugar, ocorrerão no inconsciente. Como consequência, o conteúdo inconsciente desse tipo é um pensamento infantil, arcaico e negativo. Contudo, na maioria dos casos, dentro da normalidade, essa atividade inconsciente do pensar será apenas compensatória como forma de se manter o equilíbrio da psique. Em casos extremos, onde a personalidade se dissocia e se dissolve nos estados sentimentais, os pensamentos arcaicos inconscientes afloram, reunindo todas suas ideias negativas e depreciativas ao redor dos objetos mais valorizados pelos sentimentos. Tais pensamentos negativos inconscientes se utilizam de todos preconceitos e comparações infantis para colocar em dúvida o valor dos sentimentos. Encontra-se esse tipo melhor definido no sexo feminino, uma vez que o sentimento se evidencia mais na psicologia feminina. Os exemplos que ocorrem a Jung referem-se quase sem exceção a mulheres. Essa categoria de mulheres, devido à educação, vive guiada por seus sentimentos e consegue, nos casos não extremos, acomodar-se e submeter-se ao controle da consciência.

@ / $

OS TIPOS IRRACIONAIS EXTROVERTIDOS

SENSAÇÃO E INTUIÇÃO

Jung considera irracionais os tipos sensação e intuição pelo fato de que baseiam sua ação e não-ação na intensidade absoluta da percepção, dirigindo-se e apegando-se apenas ao que acontece e ao que não foi submetido a qualquer seleção por parte do julgamento. Não se baseiam na razão e seus postulados. Segundo Jung, esses tipos são empíricos ao extremo, tomando como referência tão exclusivamente a experiência que o juízo não consegue acompanhar, ficando este para trás.

Suas funções judicativas existem, mas em grande parte são reprimidas no nível inconsciente. E como o inconsciente se impõe repetidas vezes na vida dos tipos irracionais, seus julgamentos e escolhas afloram na forma de raciocínios e argumentos que podem parecer inconsistentes ou com base incorreta ou enganosa. Pode-se observar ainda juízos e atos seletivos na forma de um aparente desejo de raciocinar, de uma fria tendência ao julgamento, e de uma escolha aparentemente deliberada de pessoas e situações. Essas características evidenciam uma natureza infantil e até primitiva, aflorada do inconsciente reprimido. Por vezes podem ser surpreendentemente ingênuos, por outras, depreciativos, rudes e violentos. A porção consciente de sua psicologia está totalmente orientada para a percepção e inacessível a qualquer julgamento racional.

Os tipos irracionais têm dificuldades com julgamentos e intenções racionais, impressionando-se ao saber que alguém, certamente pertencente ao tipo racional, coloca as ideias racionais acima dos acontecimentos vivos e reais da vida. Encaram com naturalidade, e até beleza, o fato de as relações durarem apenas o tempo em que as circunstâncias apresentarem algo em comum, enquanto para o tipo racional isso representa uma verdade difícil de aceitar.

TIPO SENSAÇÃO EXTROVERTIDA

A Sensação

Segundo o conceito de Jung, a função sensação resulta da percepção dos sentidos que afloram na psique do indivíduo. Para esse indivíduo, todos os processos objetivos entram na consciência enquanto emanarem sensações em geral. Seu critério de valor é a força da sensação provocada pelo objeto gerador de tal sensação. Os objetos que emanam as sensações mais fortes são decisivos para a psicologia do indivíduo. Como consequência, esse tipo inibirá ou reprimirá para o inconsciente a intuição, sua contrapartida subjetiva, tanto quanto o pensamento e o julgamento racional.

Sensação Extrovertida

Segundo Jung, no tipo extrovertido a percepção está condicionada pelo objeto. Como percepção sensorial, depende do objeto. Porém, em contrapartida, depende também do sujeito, o que significa que há também uma percepção subjetiva, distinta da objetiva. Essa parte subjetiva, na disposição extrovertida, está prejudicada ou reprimida. A percepção é determinada pelo objeto. No caso do tipo extrovertido, são mais importantes para sua psique os objetos concretos que provocam as sensações mais intensas. Tal intensidade cria uma vinculação sensorial aos objetos. Na medida em que os objetos provocam sensações, esse tipo confere validade a eles, que passam a ser aceitos por sua consciência enquanto isso for possível por meio da percepção, mesmo que isso não convenha ao juízo racional.

O critério de seu valor é composto apenas pela intensidade da sensação, de acordo com suas qualidades objetivas manifestadas. Assim, são aceitos na consciência todos os processos objetivos, desde que provoquem sensações. Porém, somente os objetos ou processos concretos e sensorialmente perceptíveis provocam sensações na disposição extrovertida, ou seja, aqueles que qualquer pessoa percebe como objeto concreto. O indivíduo orienta-se, portanto, por fatos puramente sensoriais. As funções judicativas ficam em um nível inferior, adquirindo um certo caráter negativo, com traços infanto-arcaicos. A função oposta, a percepção inconsciente ou intuição, sofre uma repressão ainda maior.

Segundo Jung, é o tipo mais realista de todos, não havendo tipo humano que se iguale a este em realismo. O seu sentido objetivo dos fatos é extraordinariamente desenvolvido. Acumula em sua vida experiências reais sobre o objeto concreto e quanto mais este objeto for destacado e evidente, menos fará uso de sua experiência, ficando seu foco mais nas sensações da vivência do que na experiência propriamente dita.

O que vivencia como sensação serve-lhe, na maior parte das experiências, como condutor a novas sensações. Tudo de novo que entrar no seu círculo de interesses é conseguido através da sensação e servirá para que se experiencie tal sensação.

Em sua própria avaliação, esse tipo, geralmente formado por homens, não se considerará vivendo sob a influência e o efeito da sensação, conforme observa Jung. Essa afirmação será descabida para ele, pois em sua concepção a sensação é o equivalente de uma manifestação vital concreta e pressupõe a realidade em sua plenitude. Por meio dessa afirmação de Jung podemos ter um vislumbre do porquê muitas pesquisas de autoavaliação acabam por demonstrar resultados equivocados, pois nesses casos a predisposição psicológica do indivíduo pesquisado o impede de uma avaliação real de si mesmo. Em tais casos é necessário realmente uma visão externa, quer seja individual ou por amostragem em uma grande população em estudo.

O tipo sensação extrovertida tem como objetivo psíquico desfrutar da sensação do objeto e usufruir dela tanto quanto possível, porém não de forma vulgar, mas de modo a buscar a sensação mais intensa, que virá sempre do exterior. Não sendo um sensualista grosseiro, traz em seu desfrute sensual objetivo uma moralidade, com sua própria moderação e leis, renúncias e sacrifícios. Em sua manifestação mais inferior, conduz seu foco para a realidade palpável, privando-se de reflexões ou intenção de se aprofundar na vivência. Para ele, nada pode ser mais concreto e real do que aquilo que ele pode sentir. Os pressupostos e hipóteses à margem do fato, ou que o excedam, só são aceitos na medida em que reforcem a sensação. O que vem de dentro parece-lhe mórbido, suspeito e digno de repulsa. Apesar disso, não é pessoa desagradável, demonstrando muitas vezes disposição alegre e ativa ao prazer, podendo ser um bom companheiro. Em alguns casos é amável e alegre, para o qual os grandes problemas da vida dependem de um bom e saboroso almoço, em outros, apresenta-se na figura de um esteta requintado de bom gosto, incluindo-se nessa própria esfera do bom gosto. Embora pense e sinta, reduz tudo sempre a bases objetivas, ou seja, a influências que vêm do objeto, sem apurar se teve que violar alguns princípios lógicos para fazer isso.

Baseando seu amor apenas na sensação proporcionada pelo objeto palpável, esse tipo se comporta com grande credulidade. Esse tipo poderá atribuir, sem reflexão, a causa de um sintoma psicogênico às oscilações barométricas, ou ainda, considerará fonte de seu amor as atribuições sensuais do objeto, ou a excitação que este lhe provoca nos sentidos. A existência de um conflito psíquico lhe parecerá uma fantasia anormal. Seu ideal é a realidade existente. Respeita os fatos concretos, adaptando-se a essa realidade, deixando isso bem visível. Assim, porta-se de acordo com sua posição social, não alimentando ideias ou ideais, de forma que não possui motivos para se comportar como um estranho diante da realidade que lhe é atual. Como pensa e age dentro da normalidade do meio que lhe é inerente, ao mesmo tempo em que, sob a mira de seu gosto refinado, extrai sua vivência das sensações advindas da relação com a realidade concreta que se lhe apresenta, em geral este tipo veste-se bem e de acordo com as circunstâncias, aprecia bons pratos e boas bebidas, porém seu gosto refinado pode impor algumas exigências aos que com ele convivem. De acordo com estas observações de Jung, creio que podemos considerar esse tipo como um tipo clássico de "bon vivant".

Como podemos ver, as características e tendências relativamente claras do tipo sensação extrovertida podem fazer com que, ao pensarmos em produtos ou campanhas que mais despertem seus desejos, optemos por uma abordagem um pouco mais requintada e com foco principalmente em elementos que se apresentam em sua realidade imediata, que possam proporcionar sensações agradáveis e que lhe façam sentir integrado e pertencente a este estilo de bem viver. Na verdade, grande parte do que se produz atualmente aparentemente já tem um bom alinhamento com os gatilhos de atração desse tipo.

@ / $

TIPO INTUIÇÃO EXTROVERTIDA

A Intuição

Jung define a intuição como sendo uma função de percepção inconsciente. Pode ser representada na consciência por certa atitude de expectativa, uma contemplação e, de certa forma, uma atividade psíquica de se deixar permear no objeto. Porém, apenas o resultado posterior poderá demonstrar ou confirmar o quanto foi incutido no objeto e quanto havia realmente nele.

O dado mais importante não é o que se percebe, mas sim as imagens internas que são provocadas pelo que é percebido, não se constituindo isso apenas um processo de reação direta vazia de significado, mas uma ação que apreende, configura e incute significado ao que é capturado. Constitui-se, assim, um processo ativo e criador que dá ao que é percebido, e retira do mesmo, uma carga de significados. Como "apreensão", podemos entender "assimilação ou compreensão do que é cognoscível". Esse processo concede a esse tipo uma forma de vidência além do que é percebido.

Intuição Extrovertida

Como talvez seja possível observar na definição da função intuitiva, creio ser esse tipo o mais peculiar e o que exige um pouco mais de elaboração mental para compreender. Talvez seja também, pelo menos de certa forma, o tipo mais imprevisível e fora da curva de comportamentos esperados entre os tipos extrovertidos. Como impressão geral, creio também que seja o tipo que, em conjunto com o tipo intuitivo introvertido que veremos mais à frente, está sendo menos atingido pelos padrões de criação de produtos e campanhas de marketing atualmente. Isso pode estar representando alguma porcentagem de margens de erro, fracassos e desvios que se tem obtido em pesquisas e apuração de resultados atualmente. Penso que, quando este tipo figurar como alvo único de atingimento de algum objetivo de criação ou venda, talvez seja necessário um maior conhecimento de alguns fundamentos da psicologia humana, como inconsciente coletivo, simbologia e arquétipos. Porém, para nosso objetivo neste livro, traçar um perfil de comportamento geral será suficiente para possibilitar a elaboração de uma abordagem suficientemente satisfatória.

Conforme define Jung, mesmo sendo a intuição uma função da percepção inconsciente, na disposição extrovertida orienta-se para os objetos exteriores. Porém, não é o objeto propriamente dito que se percebe, mas sim as imagens que ele provoca internamente. Além de retirar impressões do objeto, também cria nele um efeito inconsciente. Essa ação de atribuir significado ao objeto permite ao tipo intuitivo também exercer uma certa influência inconsciente sobre o mesmo. Essas imagens e impressões internas, por sua vez, passam a ter o valor de conhecimentos específicos, servindo de base e exercendo grande influência sobre o agir do tipo intuitivo. Tais imagens, então, tornam-se suficientes, passam a ser tão carregadas de conhecimento quanto o próprio conhecimento, para embasar eventuais tomadas de decisão e ação. As outras funções, percepção, pensamento e sentimento, são relativamente reprimidas, ficando em segundo plano. A percepção força a direção do olhar na direção da superfície física, direção esta para a qual a intuição não quer olhar, de forma a manter suas impressões puras, ingênuas e isentas do que é capturado. Devido a esses estímulos inoportunos serem um grande obstáculo para a intuição, a percepção se torna a função sensorial mais atingida em sua repressão. Jung estabelece sua definição de percepção como sendo a percepção sensorial simples e direta do objeto, como dado fisiológico e psíquico claramente definido. Ter isso em mente aqui é relevante devido ao fato desse tipo ser impactado pelo objeto externo e, por isso, possuir uma atitude de expectativa em relação a ele. Essa atitude de expectativa pode então servir-lhe de sensação. Logo, ao ser questionado, esse tipo descreverá sua orientação utilizando termos comuns aos da sensação dos sentidos. Isso porque, não obstante sua disposição intuitiva ser a função oposta, até possui percepções, porém não se orienta por elas, usando-as apenas como pontos de referência para sua visão intuitiva. O que se destaca e lhe orienta vem do que é valorizado pela atitude inconsciente de sua psique e de lá emerge.

Busca a apreensão de todas as possibilidades no que lhe foi objetivamente dado, pois é a vidência dessas possibilidades que dá maior satisfação, e talvez validação, ao seu pressentimento. Para esse tipo, as situações da vida cotidiana parecem espaços fechados que ele teve que abrir. Procura sempre saídas e novas probabilidades de vida exterior. Para a disposição intuitiva, toda a situação vital acaba sendo, a curto prazo, uma prisão da qual é necessário libertar-se. Desse modo, quando um objeto tem que servir para uma solução, uma libertação ou para a descoberta de uma nova possibilidade, o intuitivo confere-lhe um valor exagerado. Porém, assim que cumpre sua função de ponte para se vislumbrar possibilidades, tal objeto é descartado ou tornado acessório, pois ao intuitivo não parece mais possuir utilidade ou valor. Um fato só tem validade na medida em que ajuda a descobrir novas possibilidades. Essas possibilidades acabam superando o fato em si, retirando-lhe a importância e desconectando o indivíduo do mesmo. A necessidade de novas possibilidades é o motivo principal da intuição, ao qual sacrifica todo o resto. Dessa forma, talvez não seja incomum que se veja os mais puros desse tipo se interessando por vários projetos ou afazeres, nas mais diversas áreas, nas quais passa a atuar e se aprofundar, até perder o interesse e o entusiasmo, após ter vislumbrado e executado em seu interior todas as possibilidades que poderiam se manifestar a partir de cada atividade com a qual se comprometeu anteriormente.

Sendo tipo extrovertido, se orienta pelo objeto externo e tem grande dependência das situações exteriores, porém não busca valores reais e comuns em geral, como o tipo perceptivo, mas sim possibilidades. Agarra-se a uma situação onde houver possibilidades, como se pusesse todo o futuro da sua vida na nova situação. Quanto mais intuitivo for, mais se confundirá e vivenciará as possibilidades vislumbradas como se fossem sua própria verdade. Eventualmente sente, e até compartilha, a impressão de que a partir da nova situação sua vida atingiu uma grande mudança de rumo e nada mais será como antes. Tem um sentido apurado para o que tem um futuro latente ou encontra-se em estado embrionário, correndo o risco de se sentir asfixiado em situações estáveis, bem fundadas e de validade aceita por todos, porém limitadas. Dessa forma, aceitam novos objetos, cenários, projetos, ideias e pistas com intensidade e entusiasmo. Porém, como já vimos na definição da intuição, logo após ter definido os contornos do novo objeto e dele ter extraído todos os significados e possibilidades, não conseguindo mais prever qualquer tipo de desenvolvimento posterior possível, perde o entusiasmo e abandona tudo sem olhar para trás. A razão e o sentimento não o deterão nem o amedrontarão frente a uma nova possibilidade, mesmo que esta contradiga suas convicções anteriores. Também não se conseguirá, com argumentos em favor da estabilidade, impedir o tipo intuitivo extrovertido de considerar como prisão a mesma situação que outrora vislumbrou como possibilidade e salvação.

O pensamento e o sentimento, que são componentes indispensáveis do processo de convicção, nesse tipo são funções menos elaboradas e evoluídas, não influenciando decisivamente, nem opondo resistência duradoura à força da intuição. Por isso, não haverá razão ou sentimento que o façam retroceder diante de novas possibilidades, mesmo que contradigam suas convicções anteriores. Sua moralidade não é intelectual nem sentimental. Tem a mesma formada a partir de sua fidelidade e rendição à sua intuição, fazendo disso sua própria moral. Talvez devido a esse excesso de entusiasmo para novas possibilidades e novos cenários, este tipo não demonstra muita consideração com o bem-estar dos que o cercam, nem o seu próprio, podendo não respeitar as convicções e hábitos dos que vivem à sua volta. Segundo Jung, devido a isso pode ser considerado como algum tipo de aventureiro inescrupuloso.

No campo profissional, como sua intuição busca por possibilidades em objetos externos, demonstra preferência em profissões onde vê possibilidade de desenvolver ao máximo suas múltiplas capacidades. Jung observa que é possível encontrar esse tipo na posição de homens de negócios, empresários, especuladores, agentes, políticos e outras profissões onde se possa identificar possibilidades, novos cenários e autodesenvolvimento. Essa abordagem pode fazer dele um entusiasta para iniciar, ou incentivar, novos projetos e empreendimentos, assim como estimular pessoas a desenvolverem suas capacidades, quando consegue vislumbrar algum potencial latente nas mesmas. Porém, apesar do seu pioneirismo e da força de seus incentivos, pode mais tarde vir a abandonar tais projetos ou empreendimentos, uma vez que não consiga mais antever nenhuma possibilidade latente nos mesmos. Esse entusiasmo para manifestar as possibilidades que vislumbra e exercer influência sobre pessoas e coisas pode fazer com que esse tipo fracione sua vida com facilidade entre as várias possibilidades possíveis, não sendo capaz de usufruir a vida que ele próprio difunde aos que o rodeiam. Se fosse capaz de persistir por mais tempo em algum empreendimento, poderia colher os frutos do trabalho investido, evitando que outros o façam em seu lugar, porém novas possibilidades estarão sempre a clamar por sua atenção.

Jung identifica esse tipo como sendo mais comum nas mulheres. Neste caso, a atuação de sua intuição poderá desenvolver mais ênfase no campo social do que no profissional. Quando é o caso, são mulheres com habilidade para criar vínculos sociais, identificar promissores parceiros que se lhes apresentam boas possibilidades e, talvez, abandonar, novamente, tudo para mergulhar nessas possibilidades.

@ / $

TIPO INTROVERTIDO

Como o próprio Jung cita em algumas passagens de seu tratado dos tipos psicológicos, os tipos com aspectos opostos têm grande dificuldade em compreender o comportamento uns dos outros. Uma vez conhecidos os aspectos e a estrutura psicológica de cada tipo, não deveria causar estranheza o fato de um tipo, como por exemplo o pensamento, tendo uma função de percepção do mundo apenas precariamente desenvolvida, ter dificuldade em compreender as atitudes de seu tipo oposto, no caso, o sentimento, que utiliza principalmente esta função de percepção para elaborar seu raciocínio, interpretar o mundo e interagir com ele. Penso que, principalmente entre esses tipos opostos, sempre haverá um *"gap"* de compreensão. Talvez esse seja o motivo de muitos desentendimentos entre familiares, casais, amigos e parceiros de trabalho. Assim, considero também não ser incomum o fato de um grupo de pessoas, onde por exemplo predominem os tipos extrovertidos, em atividades que requeiram algum tipo de avaliação, não ser capaz de elaborar análises precisas ou compreender percepções, atitudes e reações de outros grupos em que predominem os tipos introvertidos. Como analogia clássica e mais palpável dessa percepção, posso citar o caso do peixe que não tem a menor ideia de estar vivendo dentro da água até que saia dela. Ou, na visão dele, até que entre no ar, assim como nós consideramos que "entramos na água" e não "saímos do ar", pois este é nosso habitat natural. Igualmente, quando um astronauta deixa a atmosfera rumo ao espaço, dizemos que ele está "adentrando o espaço" e não "saindo da nossa bolha de atmosfera". Uma questão de ponto de vista. Isso pode se aplicar também entre outros opostos, como entre pensamento e sentimento, tanto quanto entre percepção e intuição, estendendo-se ainda às respectivas combinações que resultam nos oito tipos identificados por Jung. Como esse universo de informação é praticamente desconhecido para a maioria dos seres humanos, talvez nesse nível de relacionamento e análises do mesmo, estejamos vivendo em um tipo de "Torre de Babel" silenciosa, imperceptível e permanente. Como se estivéssemos observando e interagindo a partir de nossa "*matrix*" pessoal, composta pelas configurações perceptivas de nosso tipo específico, tentando compreender as interações e reações de grupos pertencentes a suas próprias "*matrices*", compostas por outras formas de perceber o mundo e interagir com ele. O resultado não seria uma bagunça danada?... e quando observamos as relações entre pessoas, grupos, religiões, países, e outras possíveis, não tendemos a concluir que, nesse nível comportamental, o mundo é realmente meio bagunçado? Talvez muito bagunçado! Quantos problemas são gerados por segundo no mundo devido a "maus entendidos"? Quantas críticas são tecidas no mesmo período de tempo devido à não compreensão de atitudes ou reações? Imagino que, se a compreensão desses fatores humanos internos fosse mais comum entre as pessoas, talvez houvesse mais paz, crescimento e, em nosso caso específico, análises de comportamento de consumidores mais eficazes!

Senti oportuno apresentar esta pequena introdução, devido ao fato de estarmos entrando agora no universo introvertido, um universo pouco compreendido pelos tipos extrovertidos. E penso que você, leitor, como estudante ou pesquisador na área de marketing, tem uma probabilidade razoavelmente boa de pertencer ao grupo dos extrovertidos. Quanto a este aspecto específico, Jung cita que a concepção extrovertida tem certa facilidade em desconsiderar que toda percepção e conhecimento são determinados também em níveis subjetivos, de modo que o mundo não existe apenas em si mesmo, mas também na forma do que representa para cada um individualmente. Se não houvesse o processo de assimilação do mundo no qual estamos inseridos, não seríamos capazes de elaborar qualquer julgamento sobre o mesmo. Eu, como integrante convicto do universo introvertido, sinto a evidência da distância entre esses dois tipos. Quando lidando com tipos extrovertidos educados e polidos, o tipo introvertido é devidamente respeitado e aceito, porém não raro, não adequadamente compreendido. E a recíproca é verdadeira. Tenho boas lembranças da minha dificuldade de compreender atitudes de amigos do tipo extrovertido no passado, até que estes conhecimentos esclarecedores chegaram até mim. Sem o preparo adequado somos simplesmente incapazes de conceber uma forma de processar as informações que o mundo apresenta de modo tão diferente do nosso, que até então era o único plausível e possível. Volto a tocar no assunto dos padrões e concepções a partir dos quais derivam muitos conceitos e princípios de marketing. Observo que alguns deles podem estar gerando abordagens direcionadas apenas a tipos extrovertidos, desconsiderando todo o potencial de fidelização do público constituído pelos tipos introvertidos, sem perder de vista, claro, os diferentes direcionamentos entre os quatro subtipos que os constituem. Os tipos introvertidos, muitas vezes, podem tentar se adequar a produtos ou campanhas, buscando nestes, aspectos que satisfaçam aos anseios de sua introversão, porém nesses casos, haverá sempre algum nível de insatisfação residual. Quanto a isso, como experiência pessoal, cito uma eterna busca por produtos não genéricos, que satisfaçam a alguma necessidade específica que, em algumas vezes, não sei muito bem qual é. Devido à sua atividade intensa de reflexões, os introvertidos podem se tornar um pouco mais exigentes, o que pode lhes estar causando essa sensação de estarem tendo que se adequar ao que há disponível para consumo no momento, apesar de não atender plenamente aos critérios que lhes são impostos por suas reflexões internas.

Apresentadas estas impressões, conheçamos então as características do tipo introvertido. De acordo com as observações e definições de Jung, em seu processo de assimilação psíquica, o tipo introvertido mantém um ponto de vista que se impõe entre ele e o objetivamente dado. Jung esclarece que, mesmo um pensamento se ocupando de um objeto concreto ou uma ideia geral, ocorre um processo subjetivo paralelo, sem o qual o próprio pensamento não existiria. Creio que talvez isso ocorra pelo fato de que o próprio pensamento flua a partir de um nível subjetivo da psique. Esse processo paralelo tem a tendência natural de subjetivar o objetivamente dado para que seja assimilado ao sujeito. Quando a ênfase do indivíduo recair sobre esse processo paralelo, o resultado será o pensamento que se orienta no sentido do sujeito e do subjetivo, ou seja, o pensamento introvertido. Assim, orienta-se por fatores subjetivos, não pelo objeto e pelo objetivamente dado. Interpõe uma opinião subjetiva entre a percepção do objeto e suas próprias ações, impedindo que estas possuam um caráter direto ou adequado ao objetivamente dado. Observa as condições exteriores, mas se baseará nas determinações de caráter subjetivo para tomar suas decisões. Enquanto o tipo extrovertido se apega àquilo que recebe do objeto, o introvertido apega-se ao que as impressões do exterior operam e causam no sujeito, sendo impactado por estas. Em uma sociedade onde a avaliação extrovertida é a mais estabelecida, o tipo introvertido é geralmente incompreendido e apontado, devido a não estarem completamente convencidos da superioridade do objeto sobre os fatores subjetivos. Como fator subjetivo, de acordo com a descrição de Jung, interpreto sendo a resposta psicológica, na forma de ação ou reação que, sob a influência do objeto dado, se funde aos conteúdos internos da psique, gerando e tomando a forma de um novo estado psíquico. O fator subjetivo torna-se então tão concreto quanto o objeto exterior, podendo ser considerado uma grandeza determinante do mundo do tipo introvertido. Jung destaca o efetivo valor que o fator subjetivo possui na economia da psique, valor esse que pode não estar recebendo o devido mérito nos tempos atuais. Na verdade, me parece que a cada dia vem perdendo mais e mais seu real valor. Segundo seus apontamentos, tal fator subjetivo se constitui de conhecimentos elementares e valores duráveis que permanecem idênticos desde muito tempo em todos os povos e regiões do planeta. É uma realidade tão determinante quanto o objeto externo. Jung define o fator subjetivo como sendo a "outra lei do mundo", que exige ser considerada com igual grandeza e validade em qualquer época ou lugar.

Para melhor entendermos os processos psicológicos aos quais o tipo introvertido está submetido, penso ser necessário conhecer a diferença entre o Eu e o sujeito. Jung faz esta distinção, esclarecendo que o sujeito básico é maior, está acima, pois também abrange o inconsciente, a porção mais essencial do ser, aquela que não sofre alterações através dos tempos. Já o Eu é formado principalmente pelo próprio centro da consciência, gravitando mais abaixo.

Constitui-se uma particularidade característica do introvertido, confundir o seu Eu com o seu sujeito, elevando o Eu (que é consciente) à categoria de sujeito (que abarca o inconsciente e a porção mais essencial do ser), subjetivando a consciência (o Eu), transferindo-o para o domínio mais inconsciente da psique. Este processo acaba alienando da consciência a percepção do objeto, ou seja, enviando-o também para o subconsciente. E como na economia da psique tudo tende a se equilibrar de alguma forma, surge então uma relação compensadora no inconsciente que o consciente sente como uma total e irreprimível vinculação ao objeto. Quanto mais o Eu se esforça para libertar-se, mais se sente submetido ao que lhe é objetivamente dado. Como no inconsciente a percepção e as reações são arcaico-infantis, o objetivamente dado passa então a ser percebido como superior e inacessível, como uma pequena criança olhando para cima ao lidar com seus pais.

A consequência prática disso, que é o que realmente nos importa, é que o tipo introvertido tem sua tranquilidade e espontaneidade criadora sequestrada pelo temor angustiado da reação das pessoas, ou coisas. Sua superioridade moral se perde em relações de qualidade inferior, que resulta em um anseio de ser amado e admirado. Distancia-se do objeto, vendo-o como algum tipo de ameaça. Consome muita de sua energia criando formas de defesa do Eu em tentativas inúteis de se tornar superior, ou pelo menos se sentir superior ao objeto. Essas tentativas chocam-se com as fortes impressões provenientes do objeto. Não consegue deixar de se sentir impressionado pelo objeto, o que lhe causa efeitos incômodos. Por isso é obrigado a um contínuo e intenso esforço interior, para poder sustentar-se frente ao mesmo.

Buscando mapear ainda mais os possíveis comportamentos do introvertido, vamos nos aprofundar um pouco mais. Quando a subjetivação do objeto é excessiva, ganhando mais poderes do inconsciente, surgem fantasias de poder paralelamente ao medo e à angústia, face às impressões de um objeto poderoso. A angústia frente ao objeto resulta de um receio de impor a própria personalidade ou opinião, temendo-se a influência e a reação do objeto. Assim, os objetos recebem qualidades que provocam temor no tipo introvertido. Como nestes casos suas relações com o objeto são ainda mais reprimidas, passam para o domínio do inconsciente e assumem suas qualidades infanto-arcaicas. Estas relações tornam-se então primitivas. Como se o objeto passasse a possuir uma virtude mágica. Os objetos novos e insólitos provocam medo e desconfiança, como se possuíssem perigos ocultos frente a um Eu limitado e frágil. Qualquer alteração provoca um efeito perturbador ou perigoso, adquirindo aspectos mágicos. Segundo Jung, o ideal para ele seria uma ilha deserta onde nada se oponha à sua vontade.

Jung definiu também uma determinada estrutura psicológica que habita em cada indivíduo como "inconsciente coletivo". A criação deste conceito foi um marco considerável na história da psicologia. Para ele, o sujeito individual é uma parte de uma essência e de um modo de afluência psicológica que é inato em todo coletivo. Jung propõe também o termo "arquétipo" para o modo de apreensão psíquica do objeto. O arquétipo representa a forma simbólica sob a qual o objeto se apresenta para o indivíduo, quando este não dispõe ainda de conceitos conscientes para tal objeto. Os conteúdos do inconsciente coletivo aparecem então na consciência e, apesar de o indivíduo considerar que esses conteúdos são resultados da percepção do objeto, provêm na verdade da estrutura inconsciente da psique. O objeto apenas provoca sua manifestação, sendo o gatilho para a emersão desse conteúdo. Essas tendências e concepções subjetivas são mais poderosas do que a influência do próprio objeto, pois seu valor psíquico é maior, sobrepondo-se a qualquer impressão. Tratando ainda da subjetivação exagerada da consciência, apresento um último aspecto relevante para a ampliação de nossa compreensão deste tipo. Nessa condição, a economia compensatória da psique, na tentativa de colocá-la de volta no seu devido lugar, "dessubjetivando-a", faz com que o caráter torne-se excessivamente extrovertido, porém este leva impregnado em si um viés arcaico infantil que é característico dos níveis inconscientes, como já vimos anteriormente, enquanto esvazia a importância do Eu, ou do "si mesmo". Nestes casos, apesar de excessiva, a extroversão compensatória é carregada de um vazio de si mesmo, podendo aparentar um comportamento injustificado e sem base. Nestes casos, o introvertido começa a ser percebido como algum tipo de egocêntrico refinado, entusiasta doutrinário ou possuidor de um complexo inconsciente de poder. Porém, esse comportamento é apenas o resultado do intenso conflito interno em que se encontra constantemente.

Quando tomei conhecimento de tudo isso, pensei: - Uau! Como pode acontecer tanta coisa na cabeça de uma pessoa, de forma tão imperceptível, inclusive para si mesmo? - Ao mesmo tempo em que, de certa forma, reconhecia grande parte dos processos. Não deixa de ser notável como todo esse mecanismo interno realmente influencia as percepções e reações desse tipo psicológico. Creio que, tomando conhecimento de tudo isso, podemos observar o quão peculiar é o tipo introvertido. Me faz concluir que boa parte das abordagens que atraem o tipo extrovertido podem estar repelindo o tipo introvertido, devido a esse distanciamento do objeto e do sistema de defesa que este tipo levanta contra ele, se protegendo em seu mundo subjetivo. Seria possível que todos esses desvios do que porventura podemos considerar como "normal" ou "esperado" sejam uma parte considerável dos altos índices de equívocos na análise do comportamento de consumidores, desempenho inesperado de novos produtos e resultados insuficientes de campanhas que insistem em nos incomodar em nosso trabalho, impedindo que conheçamos melhor nossos públicos?

Deixo para você, leitor, a reflexão sobre essa questão.

@ / $

TIPOS RACIONAIS INTROVERTIDOS

PENSAMENTO E SENTIMENTO

Os tipos racionais introvertidos revelam um juízo predominantemente racional, porém este baseia-se mais no fator subjetivo. Para eles, parecem mais razoáveis as conclusões que levam aos domínios do subjetivo do que a objetos concretos. Segundo Jung, um julgamento racional ideal deveria considerar tanto o fator objetivo quanto o subjetivo, porém ambas as direções de julgamento se excluem mutuamente. Podem estar um após o outro, mas nunca lado a lado. A razão não interfere no primado subjetivo, pois esta premissa parte antes de qualquer julgamento, modelando a forma e a estrutura do próprio julgamento, possuindo maior valor do que qualquer fator objetivo. Para entendermos melhor como este processo se dá na psique, vem à mente uma analogia com o aprendizado do nosso idioma nativo. Quando crianças, aprendemos a nos comunicar ao mesmo tempo em que estamos conhecendo a nós mesmos e o mundo à nossa volta. Nesse período, não temos ainda a faculdade do julgamento desenvolvida, tudo é como é, sendo nossos esforços direcionados apenas para compreendermos como o mundo assim o é, então. Nesse momento, a linguagem nos vem como uma interface mais racional e inteligente com o mundo, o meio pelo qual podemos interagir com ele. Assim, não questionamos suas formas de expressão. Muito além disso: mais do que apenas nos comunicar, por meio de suas formas e estruturas começamos também a perceber e a compreender esse mundo que nos envolve. Por isso passamos por dificuldades ao tentarmos, já adultos, nos comunicar em outro idioma, pois aprendemos a "pensar com o nosso idioma nativo" e a nos comunicar por meio de suas estruturas, que modelam nossa estrutura de pensamento. De acordo com as observações de Jung, percebo que isso também acontece com a disposição subjetiva, que se faz de base primária, cujas formas e estruturas modelam o modo com o qual a razão elabora seus juízos nos tipos racionais introvertidos.

Para Jung, essa pequena diferença de direcionamento acaba por causar, na experiência, grandes oposições, que podem se tornar tanto mais irritantes quanto menos consciência se tem da mesma. Oposições entre extrovertidos e introvertidos são constantes em nossa atualidade, onde a disposição extrovertida tem o reconhecimento e validação da maioria, incluindo dos introvertidos. Aqui nos deparamos com uma situação muito peculiar vivida pelos tipos introvertidos. Estes constatam a predominância e valorização geral da extroversão e participam convictos dessa realidade. É a realidade vivida pela atualidade. Assim, ao se forçarem a concordar com a supervalorização do objeto, precisam necessariamente desvalorizar o fator subjetivo, sua própria disposição, o que lhes faz diminuir a autoestima, nutrindo-os de sentimentos de inferioridade. Dessa forma, tendem a se tornar seu próprio algoz. Além disso, devido a essa dissonância evidente, passam também a sentir que o mundo está contra eles, percepção que acaba por provocar o desenvolvimento de uma psicologia do oprimido. De fato, é possível compreender essa tendência de sentimentos e percepção, quando tomamos consciência de como, de forma geral, o tipo introvertido tem sido representado ao longo do tempo com um estereótipo de inadequação, insegurança, incapacidade ou timidez.

Inseridos nesse contexto, percebem-se como minoria, não numérica, mas em relação à concordância com seus sentimentos e a como funciona sua psique. Frente a essas condições, o introvertido torna-se egoísta, e quanto maior for sua tendência a desenvolver o egoísmo, mais lhe parecerá que os que têm afinidade com a disposição predominante são os opressores, contra os quais precisa se defender. De forma geral, o cerne de seu problema está em não dar a devida importância à predominância do fator subjetivo de sua psique, orientando-se por ele com a mesma fidelidade com que o extrovertido se apega ao objeto. Jung conclui que, ao depreciar seu próprio princípio predominante, cresce a tendência de seu egoísmo, o que por sua vez alimentará ainda mais o preconceito por parte do extrovertido. Com base nessas observações e considerando a prática estabelecida da primazia da extroversão, é possível pensar que, continuando seguindo por esta via, acertaremos ao esperar por uma considerável parte de nosso público com tendências egoístas e atitudes defensivas em relação ao que se lhes apresente concretamente. Esse fenômeno poderá gerar ruídos e respostas não esperadas frente ao nosso trabalho de posicionamento e divulgação.

Concluo observando que a supervalorização do objeto e, consequentemente, do tipo extrovertido, pode não estar considerando devidamente o grande potencial de ação que reside no tipo introvertido. O mundo tem realmente se voltado principalmente para a valorização do extrovertido, considerando a introversão como algo a ser ajustado ou melhorado. Sob esta ótica, campanhas e novos produtos têm impactado públicos potenciais. Ao ter consciência dessa realidade, penso que talvez esta seja parte de um dos grandes fatores geradores de inconsistências nos resultados de campanhas e de posicionamento de novos produtos. Ao prestar a devida atenção a essa questão, buscando reconhecer as qualidades e potencialidades da introversão, elevando-a a um patamar de normalidade e autossuficiência, talvez seja possível melhorar a harmonia de sentimentos entre os tipos e em cada um para consigo mesmo, trazendo à realidade potencialidades latentes da grande massa de introvertidos e, o que mais nos interessa, desenvolvendo perfis mais benéficos de consumo, formas de abordagem e de avaliação de comportamento de nossos públicos.

@ / $

TIPO PENSAMENTO INTROVERTIDO

Após conhecermos as características peculiares do tipo introvertido como um todo, passemos agora a refinar nossos estudos, nos aprofundando um pouco mais nas quatro combinações possíveis deste tipo, de acordo com os estudos de Jung, a começar pelo tipo pensamento introvertido. Porém, antes, apresentarei as características do pensamento em seu direcionamento introvertido.

O Pensamento

Apesar de ter a função pensamento predominante, como tipo introvertido, orienta-se pelo seu conteúdo subjetivo. O que determina seu juízo é um sentimento subjetivo de orientação. Pode tratar de grandezas concretas ou abstratas, mas nos momentos decisivos orienta-se sempre pelo subjetivamente dado. Conduz-se da experiência concreta para o conteúdo subjetivo, não para novas coisas objetivas. Os eventos exteriores não são a causa, tampouco o fim desse pensamento, embora este transite pelo domínio dos acontecimentos reais. É seu valor indireto e subjetivo que facilita novos pontos de vista do objeto já conhecido, mais do que o conhecimento de novos fatos. O que predomina para esse tipo é o valor do desenvolvimento e exposição da ideia subjetiva, ou da imagem simbólica parcialmente obscura, proveniente de sua visão interior. Assim, o fato externo tem importância apenas secundária, comparado ao valor de suas formulações subjetivas sobre o mesmo. Elabora questionamentos e teorias, abre horizontes e introspecções, mas se mantém distante do fato propriamente dito, apreciando-o como exemplo ilustrativo ou instrumento de prova das conclusões de tais teorias e elaborações subjetivas, porém nunca tendo o fato algum valor em si mesmo.

Pensamento Introvertido

Sob a ação da função pensamento, esse tipo pende para suas capacidades intelectuais, elaborando reflexões e teorias, porém, como tipo introvertido, interpõe seu conteúdo subjetivo entre o que recebe concretamente e a atuação de seu pensamento. Segundo Jung, o tipo pensamento introvertido sofre a influência das ideias, porém das ideias que têm sua origem no fundamento subjetivo, e não no objetivamente dado. Caminha na direção do aprofundamento e não da ampliação de horizontes. Não tem a pretensão de reconstruir mentalmente fatos e objetos externos, mas sim transformar a imagem vaga e imprecisa, provinda de seu mundo subjetivo, numa ideia nítida e luminosa. Busca observar como os fatos exteriores preenchem o quadro de sua ideia. Tem seu poder criador confirmado quando consegue demonstrar que esse pensamento é capaz de produzir a ideia que não se apresentava nos fatos exteriores, ideia essa que é a expressão abstrata mais apropriada de tais fatos exteriores, como uma analogia ou abstração mais subjetiva dos fatos apresentados. Esse tipo se dá por satisfeito quando a ideia por ele criada parece decorrer dos fatos exteriores e que, em contrapartida, tais fatos podem comprovar a validade da mesma. Porém, como nem sempre pode conseguir uma ideia adequada a partir de fatos, quando tal ideia é decorrida de imagens recebidas que são incipientes, apresenta uma tendência para forçar os fatos a submeterem-se e conformarem-se à imagem previamente formada ou ignorar os fatos para que possa expor a imagem criada em sua fantasia. Devido à busca de equilíbrio entre concreto e subjetivo na economia da psique, a força de convicção de uma ideia subjetiva costuma ser tanto maior quanto menos estiver em contato com os fatos concretos, pois tal ideia retirará a força de convencimento de arquétipos inconscientes que, para ele, são verdadeiros e válidos universalmente, mesmo além dos tempos. Essa forma de pensar tende a se perder na imensa verdade dos fatores subjetivos da psique, em teorias que são formuladas apenas pelo amor às teorias, gerando para este tipo a concepção de muitas possibilidades. Antecipando aqui alguns *insights:* em uma análise de comportamento de consumidor, querendo-se sensibilizar este tipo, esta peculiaridade pode nos levar a apresentar alguma nova ideia concreta, ou direcionamento, de forma mais abstrata, por meio de analogias menos palpáveis e mais universais, deixando espaço para que o indivíduo crie suas próprias ideias, conexões e conclusões de forma favorável e receptiva quanto à validade e valor do que se apresenta concretamente a ele.

Como um comparativo entre os dois tipos de pensamento, Jung aponta Darwin como personalidade representante do tipo pensamento extrovertido e Kant como representante do tipo pensamento introvertido. Enquanto o primeiro se expressa por fatos, voltando-se para o extenso campo da realidade objetiva, o segundo se baseia em fatores subjetivos, reservando-se a críticas do conhecimento geral. É sua característica, como de todos os tipos introvertidos, ter uma reação negativa em relação ao objeto, um desprezo que vai desde a indiferença até o repúdio declarado. Seu juízo parece frio, inflexível, arbitrário e depreciativo, pois se relaciona mais com o subjetivo do que com o objeto. A este tipo falta o aspecto que caracteriza seu equivalente extrovertido, a intensa relação com o objeto concreto. O que resulta na dificuldade em se determinar o que faz com que o objeto, que se apresenta concretamente, tenha mais valor para esse tipo, pois sua reação frente ao objeto é de distanciamento, transparecendo uma superioridade do sujeito, ou seja, de sua porção inconsciente. Mesmo que apresente cortesia, amabilidade e franqueza, serão frequentemente acompanhados de uma estranha tonalidade, certa timidez e inquietação com o propósito de desarmar as ameaças que percebe, provindas do objeto. Quando o objeto concreto se apresenta como uma pessoa, esta tenderá a sentir-se supérflua para esse tipo ou, nos piores casos, até rejeitada. Segundo Jung, estas sensações podem ocorrer também com todos os tipos introvertidos. Contudo, penso que talvez seja possível conectar esse distanciamento e aversão ao objeto com a sensação de ameaça que assombra esse tipo. Assim, buscar apresentar a ele um objeto, quer seja uma campanha ou um novo produto, com conceitos abrangentes e de validade mais universal e simbólica, pode ser uma abordagem mais adequada, pois poderá disponibilizar conteúdo que lhe permita elaborar teorias e vislumbrar possibilidades, tendendo a aumentar seu interesse e diminuir seu distanciamento e rejeição.

Apesar de encarar qualquer desafio, devido à fragilidade de sua capacidade prática e à sua aversão à auto publicidade, é acometido por certa angústia quando sua iniciativa se converte em realidade exterior. Na ocasião em que consegue trazer ao mundo seus pensamentos, negligencia-os, tendendo a se indignar quando estes não prosperam por si só ou por não descobrir caminhos em que não precise de ajuda. Dificilmente lhe passa a ideia de pedir um favor. Uma informação a ser notada aqui: penso que essa aversão à auto publicidade pode também permear publicidades a ele apresentadas como objeto concreto. Para mim, essa possibilidade reforça ainda mais a ideia de que uma abordagem mais adequada, ao mirar esse tipo como público-alvo, seria apresentar a ele um objeto carregado de valores abrangentes e de validade mais universal e simbólica.

É teimoso e obstinado na consecução de suas ideias, insensível e imune a toda influência externa. Porém, segundo Jung, em contraste a essa insensibilidade, é sugestionável por parte de influências pessoais. Explicando: quando percebe um objeto como aparentemente inofensivo, torna-se facilmente acessível a elementos inferiores, os quais se apossam dele a partir de seu inconsciente. Assim, se deixa explorar, contanto que não seja impedido de continuar perseguindo suas ideias. Não percebe que está sendo explorado, pois sua relação com o objeto é secundária e a valorização subjetiva de suas ideias lhe é inconsciente. Ou seja, as influências são rejeitadas apenas quando, em sua percepção, vêm de fora, não quando lhe invadem o subconsciente, sugestionando-o a partir de seus valores subjetivos. Mais um ponto para possíveis abordagens a esse tipo por meio de valores mais abrangentes, carregados de simbologia e de validade universal.

Tem a habilidade de inventar seus próprios problemas, além de complicá-los, por isso se encontra constantemente em dificuldades.

A estrutura íntima de seus pensamentos é muito clara para ele, mas lhe é obscura a maneira de inseri-los no mundo real. Seu pensamento é mais positivo e sintético quando diz respeito ao desenvolvimento de ideias que mais se aproximem da validade eterna das ideias primordiais (arquétipos ou mitos), ou seja, em seu distanciamento do objeto concreto, busca direcionar seu pensamento para elaboração de reflexões mais subjetivas e abstratas, onde arquétipos e mitos constituem material farto. Considero que seja um direcionamento até esperado, pois este parece ser o ponto de destino do fluxo de toda a ideia abstrata.

Para esse tipo é difícil aceitar que algo, claro para ele, não seja assim tão claro para todos os outros. Em geral, seu estilo é carregado de vários tipos de acessórios, restrições, precauções e dúvidas, provindas de suas elucubrações subjetivas. O trabalho é árduo para ele. Ou é do tipo mais calado, ou reage às pessoas que não o compreendem. Assim vai acumulando provas contra a estupidez humana. Por outro lado, caso se sinta compreendido, pende facilmente para o lado da auto superestima. Costuma apresentar-se de maneira desajeitada, desalinhada ou descuidada, procurando evitar atrair atenções ou ser notado. Seus conviventes menos próximos o veem como distante, orgulhoso, autoritário, ou ainda uma pessoa amargurada, devido a seus preconceitos negativos em relação à sociedade em geral. Porém, quanto mais for sendo conhecido, mais favoravelmente será julgado, de forma que os mais próximos chegam a valorizá-lo bastante. Assim, esse tipo acaba perdendo a simpatia pelas pessoas mais distantes, ficando mais dependente dos que estão próximos. Com isso, sua tendência é ir aos poucos se isolando em várias áreas, o que também o ajuda a proteger-se das influências externas. Quanto maior sua introversão, mais profundas são suas ideias, porém, sem conseguir exprimi-las, compensa-as com a emotividade e a sensibilidade. Como sua consciência se "subjetiviza" por falta de relações com o objeto, o que esta lhe disser secretamente sobre sua própria pessoa torna-se mais importante do que todos os argumentos provindos do objeto externo. Assim, sua subjetividade vai se tornando sua própria verdade, fazendo-o reagir energicamente a toda crítica contra si, por mais justa que seja.

Por fim, Jung atribui todo esse antagonismo em relação ao objeto externo ao caráter extrovertido primitivo e arcaico das funções do sentimento, percepção e intuição, que se tornaram secundárias ao serem subjetivadas no inconsciente. Em consequência, o tipo pensamento introvertido se cerca de proteções e defesas contra as influências incompreensíveis que sofre, uma vez que vêm do inconsciente, somando-se a isso um certo medo do sexo feminino.

@ / $

TIPO SENTIMENTO INTROVERTIDO

O Sentimento

Como todo introvertido, é determinado pelo fato subjetivo, porém contrasta com o tipo pensamento introvertido na medida em que este subjetiva o sentimento, distanciando seu pensar do objeto concreto, enquanto o sentimento introvertido subjetiva o pensamento, distanciando seu sentir do objeto concreto.

Mesmo Jung expressa a dificuldade em descrever teoricamente o processo psicológico deste tipo. Conforme suas observações, esse tipo não tenta adaptar-se ao objeto, mas sim dominá-lo na medida em que procura realizar inconscientemente nele as imagens que servem de base para suas verdades. Por isso, procura sempre uma imagem, de certa forma prevista, com um valor já definido, que não se encontra na realidade objetiva. Além disso, aspira a uma intensidade íntima e profunda, buscando no objeto externo o estímulo para realizar ao máximo essa intensidade.

Sentimento Introvertido

Segundo as observações de Jung, a ocorrência desse tipo acontece predominantemente nas mulheres. Em grande parte das vezes, são mais quietos, pouco sociáveis, possuindo temperamento melancólico e se manifestando de modo equívoco. Não brilham e evitam aparecer em público. A profundidade de seus sentimentos torna esse indivíduo taciturno e de difícil acesso, fazendo com que seus verdadeiros objetivos permaneçam encobertos. Retrai-se diante da imponência e ameaça do objeto externo para mergulhar em suas profundezas. Isso acontece devido a estar submetido a seus conteúdos sentimentais prévios e subjetivos, relacionando-se com o objeto concreto apenas de forma secundária. Essa submissão a seus conteúdos sentimentais subjetivos acaba por abafar ou esvaziar o valor do objeto concreto, conduzindo a um afastamento e conferindo a ele um aspecto negativo. Tem a tendência, então, de impor ao objeto externo o que secretamente é sentido. A imposição de tal indiferença e julgamentos negativos acontece como defesa ante a ameaça da imponência do objeto externo. Assim, enquanto em casos mais normais pode demonstrar uma agradável calma, não pretendendo persuadir ou motivar, em casos mais intensos pode aparentar indiferença, frieza ou até pouco caso pelo bem ou mal-estar dos outros. No tipo normal, quando a influência do objeto é muito poderosa, percebe-se um movimento sentimental que busca afastar-se de tal objeto. De acordo com o que observa Jung, a receptividade sentimental pacífica do objeto externo só acontece quando este se mantém em uma posição sentimental intermediária e neutra, sem pretender interceptar o caminho alheio, ou capturar a atenção de seus sentimentos.

Segundo Jung, as imagens primordiais, como mitos e arquétipos, são tanto ideias como sentimentos, de modo que ideias e concepções básicas como Deus, liberdade e imortalidade são tão importantes também como sentimentos, assim como o são como ideias. Dessa forma, segundo Jung, é possível aplicar as mesmas considerações anteriormente apontadas para o pensamento introvertido, também aqui para o tipo sentimento introvertido, com a diferença de que para este, tudo é sentido, enquanto para aquele, tudo é pensado. Porém, como os sentimentos são bem mais difíceis de expressar do que os pensamentos, a disposição sentimento introvertido tende a condicionar a esse indivíduo uma capacidade de expressão linguística ou artística extra, a fim de poder expressar sua riqueza, mesmo de forma superficial e aproximada. Devido a isso e a seu distanciamento em relação ao objeto, tem grande dificuldade em proporcionar nos outros uma compreensão adequada de si. Para isso, deve encontrar uma forma externa que, ao mesmo tempo, corresponda a seus sentimentos subjetivos e consiga transmiti-los de forma compreensível. A vida do introvertido é caracterizada por essa incompreensão, que se torna um importante argumento para que seja contra toda relação sentimental profunda com o objeto. Em consequência desse distanciamento do objeto, acaba por julgar e renegar tudo o que é tradicional e aceito pela maioria, permitindo-lhe desenvolver sua própria relação sentimental com o que capta do mundo externo. Jung observa ainda que devido a seu pensamento subjetivado e primitivo, esse tipo busca sua identidade no concretismo e na escravização dos fatos. Por concretismo, podemos entender "a representação concreta de coisas abstratas; a tendência de concretizar, identificar ou materializar no objeto externo os conceitos pré-determinados e existentes internamente". No caso do tipo sentimento introvertido, são os seus conceitos sentimentais emergentes de seu mundo subjetivo que devem ser concretizados. Com base nesta observação, podemos vislumbrar uma possível abordagem de marketing a este tipo, oferecendo-lhe produtos ou campanhas que traduzam sentimentos por imagens e ideias mais abstratas e com valores arquetípicos, tais como moral, Deus, liberdade e imortalidade, conforme mencionado anteriormente, porém evitando conceitos mais concretos de consenso social geral. A ideia aqui é conseguir captar seus sentimentos em relação a estes temas, traduzindo-os na forma de uma ação, marca ou de um produto específico.

Apesar de haver uma propensão à receptividade pacífica das coisas, quando se trata de enfrentar o objeto concreto, que esse tipo sente como estranho, não manifesta amabilidade ou receptividade alguma. Apresenta uma atitude aparentemente fria, indiferente, e até certa repulsa. Por vezes sente até um caráter supérfluo da própria existência. Na presença de algo que o impressione ou que o entusiasme, assume uma neutralidade autossuficiente, por vezes com uma ponta de superioridade e de crítica que desvaloriza objetos cuja imponência seja mais frágil. Uma emoção mais intensa pode ser renegada de forma rude e com grande frieza. Segundo Jung, quando se consegue apoderar-se do indivíduo pelo lado do inconsciente, animando uma imagem sentimental primária (arquetípica), dominando seu sentimento, pode-se perceber, principalmente nas mulheres, uma paralisação momentânea, seguida de um processo interno de oposição a tal "apoderamento", de forma a manter a relação com o objeto em uma posição sentimental intermediária, tranquila e segura, bloqueando todos os excessos apaixonados. A ação subjetiva que exerce sobre o objeto é, então, o afastamento e desvalorização do mesmo, como forma de manter sóbria a manifestação do sentimento.

@ / $

TIPOS IRRACIONAIS INTROVERTIDOS

SENSAÇÃO E INTUIÇÃO

De acordo com os apontamentos elaborados por Jung que veremos a seguir, creio que será possível começarmos realmente a desconfiar que grande parte daquela grande margem de erro sempre presente em pesquisas de desejos e aspirações, comportamento de públicos de interesse, ou ainda em lançamentos de novos produtos, pode provir justamente destes tipos psicológicos, devido à estrutura psíquica que possuem e a como os estímulos fluem, ou não, através dela. Inclui-se aqui também aquela ideia de que o consumidor não sabe muito bem o que deseja até que se apresente uma solução para o problema que ele mesmo não sabia possuir. Podem ser informações reveladoras e realmente um marco na forma como pensamos em comportamento, não só do consumidor, mas também do ser humano de uma forma geral. Muito me admira como esse conhecimento não tem sido disseminado e recebido a importância que penso possuir.

De acordo com as observações de Jung, devido à introversão, que orienta a principal atividade desses tipos para o interior, oferecem muito pouco material para o julgamento adequado, sendo quase impossível (nas palavras do próprio Jung) uma avaliação externa. Possuem uma capacidade ou disposição muito pequena para se expressar ou para externarem-se. Sua atividade psíquica principal está predominantemente voltada para seu interior. Diante dessa atitude, o que se pode ver manifestado no exterior são atitudes caracterizadas por reserva, discrição, indiferença, impassibilidade ou insegurança e inibição aparentemente injustificados. Quando há alguma manifestação externa, são manifestações indiretas das funções inferiores não realizadas, ou seja, relativamente inconscientes, o que lhes conferirá um tom arcaico e infantil. Por essa razão, somada à sua dificuldade de compreenderem a si mesmos, devido a lhes faltar em grande parte a função do julgamento, é que os tipos irracionais introvertidos são incompreendidos ou até subestimados. Seu comportamento pode ser percebido como uma rude frieza, mesmo que não queiram se mostrar dessa forma. Ficam tão inebriados e envolvidos com as cativantes e sedutoras experiências subjetivas que vivem em seu mundo interior, que não percebem a precariedade de sua capacidade de comunicar externamente tudo o que vivenciam nesse universo interno particular. Esse comportamento acaba exigindo muito esforço da compreensão e disposição das pessoas com as quais convivem. Mais fácil seria entender esses tipos ao se tornar clara a compreensão do quão difícil é para eles traduzir externamente visões e experiências subjetivas, reduzindo-as a expressões racionais inteligíveis. Segundo Jung, é possivelmente mais frequente aos tipos irracionais a vivência de grandes dificuldades externas, de forma que sejam forçados a se retirarem dessa contemplação e entorpecimento internos, pois a eles é preciso a exigência de uma grande necessidade para que se aventurem em algum tipo de comprometimento externo.

Segundo Jung, a partir do ponto de vista do extrovertido racional, esses tipos aparentam ser os mais inúteis dos seres humanos. Porém, podem ser considerados um exemplo vivo de que não existe riqueza, agitação e coisas importantes acontecendo apenas no mundo externo, havendo um universo onde coisas reais e importantes acontecem também no interior das pessoas. Possuem muito o que ensinar aos que não se deixam conduzir pelos apelos intelectuais externos do momento, podendo ser fomentadores da cultura e, a seu modo, educadores, ensinando mais com sua vida do que com suas próprias palavras.

Se os tipos introvertidos, de uma forma geral, se sentem incompreendidos, desvalorizados ou inferiorizados frente a um mundo com predominância à valorização do objeto externo, como vimos no tópico "Tipos Racionais Introvertidos", pode-se imaginar a dificuldade extra que possuem os tipos irracionais introvertidos para lidarem com esse status atual estabelecido e consigo mesmos, haja vista a grande dificuldade que têm de compreender a si mesmos.

@ / $

SENSAÇÃO INTROVERTIDA

A Sensação

Sendo um dos tipos irracionais, não lida com o que acontece segundo juízos racionais, tomando esses acontecimentos apenas como base para seus direcionamentos e decisões. Jung explica que a função da sensação, de acordo com sua própria natureza, depende do objeto e do estímulo objetivo para que atue. Porém, mesmo ela, atuando sob a atitude introvertida, sofre um desvio em seu nascedouro, passando a atuar na porção subjetiva do que é percebido do exterior, validando mais o que vem do próprio indivíduo do que do objeto externo em si. Assim, esse tipo se orienta pela intensidade da participação subjetiva da percepção, que é provocada pela excitação objetiva externa. Como já observamos em outros tipos introvertidos, a disposição inconsciente altera a percepção sensorial, bloqueando o puro influxo do objeto, ou seja, impedindo que o objeto seja percebido como é objetivamente. Neste caso, a percepção refere-se mais ao sujeito e só secundariamente ao objeto. A percepção volta-se às impressões do fator subjetivo, reduzindo o influxo do objeto à categoria de simples estímulo. Na verdade, o sujeito percebe as coisas que todo mundo percebe, mas não se detém na pura influência do objeto e apega-se à percepção subjetiva que foi suscitada pela excitação objetiva. Jung aponta a arte como sendo a atividade que melhor nos mostra a grande força que o fator subjetivo pode ter sobre a percepção. Como exemplo visível da atuação do fator subjetivo, Jung cita as obras de arte que reproduzem objetos exteriores. Quando vários pintores retratam a mesma paisagem, observamos que cada um o faz de forma diversa, variando formas, paleta de cores, intensidade das pinceladas, entre outros aspectos. Independentemente da capacidade individual de cada artista, será possível observar as diferenças psíquicas de interpretação de cada um em relação ao objeto retratado. Essas características transformadas ou acrescidas à informação pura do objeto externo mostrarão claramente a atuação do fator subjetivo em sua interpretação.

Sensação Introvertida

A percepção introvertida não se fundamenta diretamente no comportamento objetivo das coisas, como acontece com a extrovertida. Diferente disso, ela causa uma impressão psíquica baseada em pressuposições e disposições coletivo-inconscientes de imagens mitológicas e possibilidades primitivas de representações. Este tipo tem a percepção dos sentidos e até sente as mesmas coisas que qualquer pessoa, mas ocupa-se mais com a percepção do que é produzido subjetivamente em consequência ao estímulo objetivo. Com essa qualidade, consegue captar mais os planos de fundo do mundo físico do que o que se apresenta na superfície. Apesar disso, ao se observar esse tipo, tem-se a impressão de que o externo não consegue ser absorvido pelo sujeito, parecendo que percebe as coisas de forma diferente ou ainda percebe coisas que outras pessoas não veem.

Afirma Jung que a percepção subjetiva contém em si a particularidade de conferir significado às coisas. Essa propriedade tenderá a trazer sempre significados além da pura imagem do objeto que se observa. Dessa forma, como foi visto no item anterior, esse tipo não percebe a realidade do objeto como fator decisivo, mas sim a realidade do fator subjetivo, isto é, as imagens primárias (arquétipos) que espelham o mundo psíquico. Esse espelho, porém, não representa os conteúdos atuais da consciência da forma como a conhecemos, mas uma visão que teria uma consciência de um milhão de anos que, por seu status, possui a visão da eternidade. Sua visão contempla simultaneamente o surgimento, a existência momentânea atual e a extinção das coisas, incluindo também o antes e o depois de seu surgimento. Sob essa visão, a sensação introvertida envolve o objeto com heranças antiquíssimas e, simultaneamente, aspectos futuros de uma experiência subjetiva. Assim, a impressão sensorial se dissolve em um rico oceano de significados e visões, em contrapartida à sensação extrovertida, que apreende o existir momentâneo e manifesto das coisas. Apesar desta ser uma analogia um tanto quanto abstrata, Jung a apresenta para que possamos compreender de alguma forma a natureza da disposição da sensação introvertida. Creio que pode ser produtivo tê-la em mente ao planejarmos tipos possíveis de abordagens e construção de valor em nossa comunicação, quando direcionada a esse tipo.

Em casos extremos, a título de sabermos para que direção flui o interesse desse tipo, este pode chegar a perguntar o porquê da existência do objeto, uma vez que tudo que é essencial para ele dispensa a existência objetiva do objeto. Porém, nos casos normais, o estímulo externo do objeto é necessário à percepção. Nestes casos, o objeto não é desvalorizado, mas sim privado de sua capacidade atrativa ao ser imediatamente substituído por uma reação subjetiva que, por sua vez, não possui referência direta com tal objeto. Ocorre, então, que tal estímulo externo provoca uma reação distinta daquela que seria esperada no exterior. Enquanto a aparência é que a influência do objeto não causa reação no sujeito, o que realmente ocorre é que um conteúdo subjetivo contendo certa intensidade, provindo do inconsciente, captura o influxo do objeto, sobrepondo-se a ele. Tem-se a impressão de que o indivíduo está tentando defender-se contra as influências do objeto. Em casos mais extremos, essa defesa realmente pode ocorrer. Se não possuir capacidade artística de expressão, toda a intensidade de suas impressões subjetivas e ricas de significado refugiam-se nas profundezas do seu íntimo, não conseguindo o indivíduo resgatar essas impressões fascinantes por meio de alguma expressão consciente. Uma vez que o pensamento e o sentimento não se realizaram, sendo por isso relativamente inconscientes, esse tipo só dispõe das possibilidades arcaicas de expressar suas impressões subjetivas. Essa incapacidade em externar suas experiências internas pode resultar em um comportamento calmo e passivo, podendo aparentar até certo domínio racional. Esse fenômeno, porém, é causado por seu distanciamento com o objeto externo e pode induzir ao erro um julgamento superficial.

De acordo com Jung, não há aparentemente nenhuma relação de proporção entre o estímulo do objeto externo e a intensidade da sensação subjetiva. Como consequência, não é trabalho fácil prever se um estímulo externo vai causar alguma impressão e com que intensidade. Isso torna difícil também a compreensão objetiva desse tipo, costumando faltar-lhe inclusive a compreensão de si próprio. O processo interno que leva a esse comportamento é o afastamento da realidade do objeto e a entrega às percepções subjetivas, que orientam sua consciência em direção a uma realidade arcaica, embora isso não seja consciente para ele, pois não tem um juízo comparativo.

Esse tipo parece aplicar um filtro subjetivo às impressões que se apresentam em seu campo de percepção. Nos casos em que o objeto externo se apresenta com certo grau de intensidade, ou possui alto grau de analogia com suas imagens inconscientes, ainda assim é levado a agir de acordo com seus modelos inconscientes, reforçando sua alienação com o objeto externo. Já nos casos em que o objeto externo não possui intensidade suficiente ou sua influência não consegue penetrar totalmente na percepção do tipo sensação introvertida, este demonstra uma neutralidade benevolente, esforçando-se para apaziguar e acomodar subjetivamente tal estímulo. Assim, este filtro eleva o estímulo do que está muito fraco e atenua o que está muito intenso. O extravagante é freado, o entusiasmo é atenuado, o inusitado é enquadrado em uma "fórmula correta", de modo a se manter a influência do objeto nos devidos limites. Porém, apesar da atuação de tal mecanismo de filtragem, caso seja um indivíduo benevolente, poderá facilmente se tornar vítima da agressividade e maldade de outros, retribuindo em ocasiões impróprias com uma vingança de intensidade redobrada.

Subjetivamente, move-se em um mundo mitológico em que os homens, animais, trens, casas, rios e montes lhe parecem, em parte, deuses clementes, em parte, demônios malévolos. O próprio indivíduo não tem consciência de que as coisas se parecem assim para ele. Mas é assim que elas se apresentam e influenciam seus juízos e ações. Julga e atua como se estivesse enfrentando semelhantes poderes. Seu inconsciente caracteriza-se sobretudo pela repressão da intuição, que possui um caráter extrovertido arcaico. Enquanto a intuição extrovertida evidencia um bom faro para todas as possibilidades da realidade objetiva, a intuição inconsciente arcaica captura aspectos ambíguos, sombrios, sujos e perigosos que estão por trás da realidade. Captura, não impressões sobre o propósito real do objeto, mas sobre supostas fases arcaicas anteriores à razão de sua existência, vislumbrando uma intenção perigosa e destruidora. Essa percepção contrasta acentuadamente com o que deveria ser a simples tolerância da consciência do objeto.

Essa característica talvez confira ao tipo sensação introvertida um aspecto pessimista e reforce sua tendência à autodefesa em relação aos estímulos externos. Tal atuação da função intuição é o oposto da percepção e acontecerá no inconsciente quanto mais esse tipo se distanciar do objeto externo. Porém, enquanto se mantiver em um posicionamento saudável em relação ao objeto, a intuição inconsciente atuará apenas como uma contrapartida compensadora da atitude da consciência, se opondo à sensação, com tendência à incredulidade e ao fantástico.

@ / $

INTUIÇÃO INTROVERTIDA

A meu ver, este talvez seja o tipo mais desafiador para os que dedicam seu trabalho a melhor compreender o comportamento de consumidores. Notadamente, é o mais subjetivo, retirando seu impulso em agir de impressões obtidas de imagens geradas a partir de objetos inconscientes, que, por sua vez, foram suscitados por um eventual objeto externo. A um observador racional, parecerá que este tipo vê o mundo olhando para um espelho sinuoso que reflete a imagem de outro espelho sinuoso que, por sua vez, espelha alguma coisa provinda do externo palpável. O resultado pode ser um tanto quanto imprevisível, porém, ao dedicarmos um pouco de nossa atenção a suas características, poderemos ter uma ideia do que possa lhe chamar a atenção. Talvez a presença de outra pessoa do mesmo tipo na equipe de análise, se possível, possa trazer um pouco mais de profundidade às análises. Talvez! A notícia boa é que, pelas amostragens que se têm até os dias atuais, o tipo intuição introvertida representa a menor porcentagem entre todos os tipos psicológicos de Jung (4%, aproximadamente).

A Intuição

Como vimos na descrição do tipo Intuição Extrovertida, a intuição é um tipo de percepção inconsciente que atua por meio de uma expectativa e contemplação, deixando-se permear psiquicamente por imagens subjetivamente geradas por algum objeto. Nesse processo, a intuição acaba por atribuir às imagens percebidas algum valor derivado de sua bagagem inconsciente, bagagem esta que pode permear o arcabouço de conhecimentos contidos no inconsciente coletivo, ou seja, conhecimentos acumulados pela experiência da humanidade desde o princípio de sua existência. Assim, esses valores tendem a ser universais e além do tempo. Nessa configuração, as imagens geradas pelo que se percebe são mais importantes e decisivas do que o próprio objeto que se percebeu. Jung caracteriza esta dinâmica como sendo um processo ativo e criador, onde o indivíduo simultaneamente retira e concede uma carga de significados ao que observa.

O resgate de significados provindos do inconsciente coletivo pode conceder a esse tipo certo grau de vidência além do que se pode ver com os olhos. Portanto, estes significados atribuídos ao que foi observado, por terem partido de um conhecimento tácito sedimentado através dos tempos da humanidade, não se constituem de valores vazios. Talvez este tipo consiga trazer à tona uma conexão real que exista entre a realidade conhecida e um conjunto de valores ancestrais inconscientes que foram perdidos ao longo do tempo, resgatando significados que possam adicionar um sentido mais profundo à vida observável.

Intuição Introvertida

Segundo Jung, na disposição introvertida, a intuição se volta para os objetos interiores, ou seja, objetos provindos do inconsciente. Esses objetos interiores comportam-se, em relação à consciência, como se fossem objetos exteriores, recebendo a mesma dignidade destes. Sua realidade não é física, mas sim psíquica. À percepção da intuição introvertida, estes objetos interiores parecem como imagens, ou impressões, de conteúdos do inconsciente ou, em uma análise mais profunda, do inconsciente coletivo. Contudo, estes conteúdos não possuem nenhuma qualidade em comum com o objeto exterior, não sendo também passíveis de algum tipo de experiência. Ao contrário da intuição extrovertida, que tem seus fatores subjetivos reprimidos ao máximo, na intuição introvertida esses fatores subjetivos se convertem numa grandeza decisiva. Apesar de receber os impulsos dos objetos exteriores, não se guia pelas possibilidades exteriores, mas pelas possibilidades que são interiormente suscitadas pelo exterior.

A sensação introvertida se limita à percepção, pelo inconsciente, dos fenômenos físicos que ocorrem na rede neural, enquanto a intuição introvertida reprime esses aspectos do fator subjetivo, apreendendo e dando foco às imagens geradas por esses fenômenos. Em outras palavras, enquanto a sensação introvertida detém-se nas características do fato psicológico em si, como intensidade, duração, a forma como surge e desaparece, parando por aí, a intuição introvertida apenas recebe de tal percepção o impulso para começar a agir, ultrapassa esse impulso com sua visão, percebendo e se fixando na imagem que o fenômeno expressivo provocou. Para melhor entendermos, Jung cita como exemplo uma tontura de natureza psicológica, onde a intuição transcenderá a percepção das sensações da tontura e se ocupará da imagem subjetiva provocada pela tontura, como a visão de um homem cambaleante, com uma flecha cravada no coração. Essa imagem fascina a atividade intuitiva, que explora todos os seus pormenores. Agarra-se a essa imagem e aprecia, com vivo interesse, como ela vai se transformando até desaparecer. Assim, a intuição introvertida percebe todos os processos que se desenrolam na parte mais profunda da consciência com a mesma nitidez com que a sensação extrovertida apreende os objetos exteriores.

Como reprime a sensação, apreende muito pouco dos distúrbios ocorridos na rede neural e da influência que o corpo físico recebe das imagens inconscientes. Em consequência, não percebe tais imagens como parte de si mesmo, mas como tendo existência própria, sem nenhuma relação consigo. Como exemplo, Jung cita novamente o caso da vertigem, apresentado acima, onde o intuitivo introvertido não concluiria que a imagem capturada pudesse referir-se a ele mesmo. Demonstra certa indiferença pelos objetos (ou imagens) interiores, a mesma indiferença que o intuitivo extrovertido apresenta pelos objetos exteriores, fazendo com que vá de imagem em imagem, buscando novas possibilidades provenientes do inconsciente, sem estabelecer a conexão entre ele próprio e o inconsciente. Faz isso sem que lhe importe muito o bem e o mal, tanto o próprio quanto o alheio, se sobrepondo às considerações humanas e derrubando, em seu eterno ímpeto de mudança, o que acabara de construir. Este mundo de imagens jamais se converte em algum tipo de problema moral, mas sim em problema estético, uma questão de percepção, uma sensação. Nesse processo, o intuitivo introvertido acaba por perder, de certa forma, a consciência de sua existência corporal e da influência que exerce sobre os outros. Apesar da visão de tais imagens produzidas em profusão no inconsciente não possuir alguma utilidade prática, Jung reforça que o intuitivo introvertido é indispensável para a economia psíquica de um povo, sendo desse tipo que vêm os profetas dos povos.

Segundo Jung, essas imagens geradas no inconsciente têm sua origem mais especificamente nos fundamentos hereditários que jazem no inconsciente, também conhecidos como arquétipos. Jung explica ainda que os arquétipos representam o funcionamento psíquico de todas as gerações de antepassados, ou seja, as experiências da existência humana acumuladas pela repetição durante milhões de anos, condensadas em tipos. Nesses arquétipos estão representadas todas as experiências realizadas no planeta, desde os mais remotos tempos. A intuição introvertida apreende as imagens providas desses arquétipos, e como o inconsciente é vivo e passa por transformações íntimas profundamente relacionadas com o acontecimento geral, a intuição introvertida fornece, mediante essa percepção dos processos íntimos, dados importantes para a apreensão do acontecimento geral da humanidade. Por estar relacionada aos arquétipos, essa visão profética pode espelhar o que aqueles representam, ou seja, o processo legítimo de todas as coisas experimentadas da humanidade. Se observadas com atenção, conforme aponta Jung, essas visões podem fornecer dados importantes para a compreensão dos acontecimentos em nossa realidade, incluindo previsões de novas possibilidades, bem como o que poderá decorrer a partir de fatos atuais. Estas últimas informações podem nos fazer acender uma pequena luz de possibilidades em nosso trabalho de pesquisa. Mais do que atender aos anseios deste tipo psicológico especificamente, haja vista sua pequena representatividade na amostragem das populações, mais importante e produtivo para nosso trabalho talvez seja conhecer mais sobre suas percepções e visões do mundo. Em seguida, após conseguirmos adentrar um pouco em seu modo de ver e sentir o mundo, em um processo de associações livres e despretensiosas com a realidade atual da ocasião, talvez seja possível vislumbrarmos possibilidades interessantes que nos levem a uma previsão mais precisa do rumo que as coisas podem tomar, incluindo o mercado e o comportamento em geral.

Nas atividades práticas da realidade mais visível, esse tipo pode caracterizar-se pelo tipo sonhador e profeta místico, ou pelo fantasista e artista, sendo esse último o mais normal, devido à sua tendência de limitar-se à percepção. Quando sua intuição aprofunda-se mais, cria-se um distanciamento mais acentuado da realidade, tornando-se um tanto quanto enigmático, inclusive para as pessoas mais próximas. Se for um artista produtivo, sua questão principal será dar forma às suas percepções, podendo retratar coisas extraordinárias, estranhas ao mundo, reluzentes e coloridas, importantes ou banais, sublimes ou grotescas. Se for um fantasista, se contentará com a contemplação de suas visões, deixando-se definir pelas mesmas, podendo aparentar aos demais um tipo desajuizado, um sábio meio louco, ou ainda um gênio incompreendido.

Esse tipo é o que mais reprime a percepção do objeto. É isso que caracteriza o seu inconsciente. Deste processo, deriva uma função compensadora perceptiva extrovertida de caráter primitivo. As características dessa personalidade inconsciente são principalmente a instintividade e a falta de moderação, juntamente com uma grande subordinação à impressão dos sentidos. Tais características compensam o ar rarefeito da atitude intuitiva introvertida consciente, porém são aspectos inconscientes e, tendo esta qualidade, eclodem de modo imperceptível para o indivíduo, em momentos onde a consciência perde o controle.

Na tentativa de esquematizar e simplificar um pouco a complexidade intrincada que forma a psique desse tipo, é possível observar que as imagens geradas em seu inconsciente, suscitadas pelos reflexos internos de objetos concretos externos, partem sempre de arquétipos que, por sua vez, representam valores universais, perenes e imutáveis através dos tempos da humanidade. Dessa forma, é bem provável que os mesmos objetos que atrairão o tipo intuitivo extrovertido, também atraiam o intuitivo introvertido, com a diferença de que este último acrescentará algumas impressões mais fantasiosas e incomuns ao que lhe chamou a atenção, podendo gerar algumas reações um pouco mais inesperadas. Outro traço mais claro é o fascínio pelas possibilidades que, com um direcionamento mais interno, pode tomar a forma de ideias e cenas mais lúdicas, abstratas e efêmeras. Veremos mais à frente alguns exemplos de como essas características podem interferir nos resultados de práticas de marketing atuais. Assim, pode ser possível ajustá-las para aumentar sua eficiência ou para torná-las mais abrangentes.

Oposição entre Tipos

Para finalizar, de acordo com as observações e descrições de Jung, creio que é possível identificar algumas oposições de atuação da psique mais evidentes entre os tipos psicológicos. Essa identificação pode evidenciar e tornar mais clara a atuação de cada tipo em relação aos demais, o que, por consequência, pode facilitar a construção de estratégias de abordagem que realmente toquem e atraiam cada tipo específico ou um grupo de tipos psicológicos.

Oposição entre tipos		
Extroversão	X	Introversão
Racional	X	Irracional
Pensamento	X	Sentimento
Sensação	X	Intuição

Figura 05: oposição entre os tipos psicológicos.

@ / $

RESUMO GERAL DOS TIPOS

Com o objetivo de facilitar o entendimento, a pesquisa e o desenvolvimento das análises sobre como as características dos tipos psicológicos podem afetar a percepção e a forma como os indivíduos reagem às coisas que se apresentam a eles, segue nas próximas páginas um resumo geral com as principais características de cada tipo, na forma hierarquicamente concebida por Jung. Este tópico pode funcionar como uma referência rápida, quando for necessária uma visão abrangente e panorâmica sobre os tipos como um todo ou a rememoração das características de algum tipo específico.

Ao percorrer o conteúdo do resumo geral, é importante manter em mente a estrutura hierárquica entre os tipos, conforme as duas tabelas abaixo, considerando as relações e influências entre os mesmos:

Extrovertido			
Racionais		Irracionais	
Pensamento	Sentimento	Sensação	Intuição

Introvertido			
Racionais		Irracionais	
Pensamento	Sentimento	Sensação	Intuição

Figuras 06 e 07: estrutura hierárquica dos tipos psicológicos de Jung.

Características das células mais abrangentes, mais acima, também se aplicam às células mais abaixo, somando-se às suas características mais específicas.

EXTROVERTIDO

- Orienta-se de acordo com o mundo exterior, objetivo;

- O objeto de sua atenção são as pessoas e as coisas externas. Influencia e é influenciado por elas;

- Não possui valores absolutos próprios das coisas, busca-os no mundo exterior;

- Abre mão de si mesmo em função das exigências externas. Corresponde a elas;

- Não ultrapassa limites pré-estabelecidos;

- Sua moral coincide com a concepção moral vigente e aceita pela sociedade. Faz o que é preciso ser feito;

Ação Psíquica de Compenetração

- Transfere para o objeto o conteúdo psíquico do indivíduo;

- O conteúdo do indivíduo é diluído no objeto, de modo que o sujeito passa a perceber-se no objeto;

- A beleza percebida na forma é a transferência do próprio viver do indivíduo à forma do objeto;

- É um movimento favorável, uma boa disposição do indivíduo em relação ao objeto;

- Graças à compenetração, é possível criar a aparência do comum;

- Quem compenetra busca experimentar sua própria vida no objeto.

EXTROVERTIDO – RACIONAIS (Pensamento e Sentimento)

- Predomínio das funções racionais e julgadoras, restringindo as funções perceptivas;

- A vida está subordinada ao juízo e critérios racionais.

EXTROVERTIDO – RACIONAIS – PENSAMENTO

- Orienta-se pelos objetos e dados objetivos transmitidos pelas percepções sensoriais;

- Avalia as coisas por meio do juízo e da razão, excluindo casualidades;

- Suas manifestações são subordinadas às conclusões intelectuais, apoiadas no que lhe é objetivamente dado;

- Limita-se ao pensar sobre o que lhe é apresentado, reprimindo pensamentos reflexivos sobre tal conteúdo;

- Valoriza a tradição e educação;

- Atinge a plenitude quando se une a uma ideia de validade universal;

- Tudo o que corresponde à sua fórmula derivada da intelectualidade objetiva é bom; do contrário, é mau;

- Assim como é influenciado pelo meio externo, também tem poder de influenciá-lo;

- Quanto mais de fora a influência, mais serão aceitas como verdade;

- Reprime o sentimento. Pode reprimir também sentimentos artísticos e estéticos, culto à amizade, experiências religiosas e paixões;

- Desvaloriza seus interesses pessoais e família em função de seus ideais;

- Não aceita críticas às suas verdades racionais;

- Pode fanatizar-se, adotando uma posição exagerada sobre seus valores racionais;

- Mais comum entre os homens;

- O melhor exemplo é o indivíduo materialista.

EXTROVERTIDO – RACIONAIS – SENTIMENTO

- Avalia as coisas por meio do juízo e da razão;

- Seu sentimento se ajusta e se submete ao controle de sua consciência;

- O pensar perturba seu sentir. Incapazes de pensar o que não conseguem sentir;

- Todo pensamento que ferir seu sentimento é reprimido, por mais lógico que seja este pensamento;

- A realidade externa determina o seu modo de sentir. Livra-se dos influxos subjetivos internos;

- Suas conclusões e ações são predominantemente direcionadas pelos sentimentos;

- Mantém-se sob o domínio dos valores tradicionais;

- Sente que é "bom" e "belo" o que é aceito pela vigência geral e pela tradição, por uma questão de conveniência psíquica, para não ferir os ânimos gerais;

- É o tipo que se carrega de sentimentos positivos ao ir a teatros, igrejas, assim como participando de atos filantrópicos, culturais e de empreendimentos sociais;

- Tende a se envolver emocionalmente com parceiros cujas características externas atendem a suas exigências, como conveniência, posição e presença social, fortuna e família;

- É mais comum entre as mulheres.

EXTROVERTIDO – IRRACIONAIS (Sensação e Intuição)

- Baseiam sua ação e não ação na intensidade de sua percepção;

- Têm dificuldades com julgamentos e intenções racionais;

- Das coisas que acontecem, apegam-se apenas ao que não foi submetido ao juízo;

- Sua atenção está nos acontecimentos vivos e reais da vida;

- São empíricos ao extremo.

EXTROVERTIDO – IRRACIONAIS – SENSAÇÃO

- A sensação está condicionada pelo objeto externo, objeto este que cause percepções sensoriais concretas;

- Os objetos são aceitos na medida em que lhe causem percepções;

- Orienta-se por fatos puramente sensoriais, provindos de objetos e processos concretos;

- Seu critério de valor é a força da sensação provocada pelo objeto externo, de acordo com suas qualidades objetivas;

- A razão e o juízo ficam em segundo plano;

- É o tipo mais realista de todos, tendo uma visão objetiva dos fatos;

- Para ele, a percepção representa a manifestação vital da vida concreta;

- Seu objetivo é perceber o objeto, ter sensações e usufruir delas da forma mais intensa;

- O novo só consegue ser aceito na sua vida na medida que lhe desperte sensações e lhe permita experienciar tais sensações;

- Só aceita pressupostos e hipóteses que reforcem sua percepção;

- Para ele, só importa a realidade palpável;

- É de grande credulidade, desprezando possíveis causas subjetivas para fatos concretos;

- Não desfruta de sensações de forma vulgar, mas com um senso de moralidade, moderação e sacrifícios, buscando a máxima intensidade dentro desses parâmetros;

- Porta-se de acordo com sua posição social e nível de exigência dos que o cercam;

- Apresenta disposição alegre e ativa ao prazer, mostrando-se também como pessoa alegre, agradável e com certo requinte, podendo ser considerado o clássico *bon vivant;*

- Seu ideal é a realidade existente;

- Constitui-se, em sua maioria, de homens.

EXTROVERTIDO – IRRACIONAIS – INTUIÇÃO

- Percebe a imagem que o objeto provoca em si, estando essa imagem condicionada pelo objeto externo;

- Não apenas reage, mas também confere significado ao objeto;

- Suas decisões se baseiam nas imagens internas criadas pela intuição sobre o objeto concreto;

- Não busca valores reais, de vigência comum em geral ou de validade aceita por todos, mas sim possibilidades;

- Possui uma atitude de expectativa em relação ao objeto externo;

- A percepção é a função mais reprimida, pois esta traz o foco do olhar para o externo, contaminando a pureza das imagens internas produzidas pelo intuitivo;

- Tende à vidência e ao pressentimento, por meio da apreensão de todas as possibilidades extraídas a partir do objetivamente dado;

- Tem um sentido apurado para o que tem um futuro latente ou encontra-se em estado embrionário;

- Para ele, a vida cotidiana e estável é uma prisão, de onde tem que se libertar. Faz isso buscando por novas possibilidades;

- Valoriza o objeto que lhe proporcione a solução ou libertação, por meio da visão de novas possibilidades, abandonando-o quando não lhe causar mais essa visão;

- A necessidade de novas possibilidades provinda de fatos concretos é o motivo principal deste tipo, não detendo-se pela razão e pelo sentimento;

- Sua moralidade não é intelectual nem sentimental, mas sim fiel à sua intuição, extraindo daí sua própria moral;

- Quando questionado, pode utilizar termos referentes à sensação, o que pode gerar alguma confusão de identificação entre seu tipo e o tipo sensação;

- É mais comum entre as mulheres.

@ / $

INTROVERTIDO

- Mantém um ponto de vista que se impõe entre ele e o objetivamente dado, ocupando-se desse ponto de vista, subjetivando assim o objetivamente dado;

- Orienta-se por esses fatores subjetivos para tomar decisões, não pelo objetivamente dado;

- Apega-se ao que a impressão do exterior opera no interior do sujeito, que para ele é tão concreto quanto o objeto exterior;

- Busca liberdade, mas teme a reação geral. Busca superioridade, mas envolve-se em relações de qualidade inferior. Busca poder, mas termina ansioso por ser amado. Protege-se com desgastantes medidas de defesa, buscando equiparação ou superioridade;

- Frente à excessiva concessão de importância ao objeto, da qual o introvertido é vítima, vive fantasias de poder. Os objetos recebem qualidades que provocam temor no introvertido;

- Tem receio de impor a própria personalidade e opinião;

- Tem uma relação primitiva com o objeto, conferindo-lhe virtudes mágicas. Objetos novos e insólitos provocam medo e desconfiança, significam perigos ocultos. Mesmo mudanças em objetos tradicionais têm efeito perturbador;

- A reação em relação ao objeto é sempre de um distanciamento negativo, indo do desprezo ao repúdio declarado;

- Tem medo de transformações muito rápidas ou violentas em suas excitações internas, o que gera grande inquietação interior frente aos fenômenos do mundo exterior.

Ação Psíquica de Abstração

- Nega a vontade da vida, distinguindo-se dela por meio de formas inorgânicas e abstratas;

- É consequência da inquietação interior, provocada pela relação de enfrentamento entre o homem e os fenômenos do mundo exterior;

- É a disposição que evita e procura proteger contra a influência do objeto;

- Vê o objeto como algo que vive e atua por si só, por isso tenta furtar-se à sua influência;

- O que abstrai, adota uma postura de quem vê no objeto uma qualidade temível, uma ação nociva ou perigosa, contra a qual tem que se defender;

- Busca manter o que é irregular, transitório e mutável dentro de limites não exagerados;

- Evidencia o valor mágico dos objetos, como os símbolos geométricos primitivos, mais do que sua beleza.

INTROVERTIDO – RACIONAIS (Pensamento e Sentimento)

- De juízo racional, mas apegados ao fator subjetivo;

- A eles, parecem mais razoáveis as conclusões que levam aos domínios do subjetivo do que os objetos concretos;

- Partem da unilateralidade, não lhes faz falta a reflexão lógica;

- Tendem a possuir uma autoestima diminuída, podendo se tornar egoístas e se sentir oprimidos.

INTROVERTIDO – RACIONAIS – PENSAMENTO

- Seu juízo e razão são baseados em um sentimento subjetivo;

- Sofre influência das ideias originadas da imagem subjetiva;

- Se conduz da experiência concreta para o subjetivo, não para novos objetos objetivos;

- Seus valores subjetivos lhe facilitam mais ver novos pontos de vista do objeto do que assimilar novos fatos sobre o mesmo;

- Elabora questionamentos e teorias sobre o fato externo, mas se mantém distante do mesmo, apreciando-o como exemplo ilustrativo ou prova de suas teorias e reflexões subjetivas;

- Caminha na direção do aprofundamento, não da ampliação de horizontes;

- Não busca fatos externos, mas transformar a imagem imprecisa, provinda de seu mundo subjetivo, em uma ideia nítida;

- Satisfaz-se quando consegue demonstrar seu pensamento como sendo a ideia abstrata mais apropriada aos fatos que se lhe apresentaram;

- Possui um juízo aparentemente frio, inflexível e depreciativo, procurando desarmar as ameaças que percebe, provindas do objeto externo;

- Não costuma pedir favores;

- É teimoso e obstinado na consecução de suas ideias, tendendo a ser insensível a influências, quando estas vêm do externo;

- Quando uma ideia externa consegue penetrar seu subconsciente, por aparentar inofensividade, as imagens internas geradas, carregadas de valores subjetivos internos, o influenciarão fortemente, podendo o indivíduo até se deixar explorar sem perceber;

- Seu pensamento é mais claro e positivo quando refere-se a ideias que mais se aproximem de valores eternos de ideias primordiais (arquétipos e mitos);

- Evita atrair atenções e ser notado;

- Tem dificuldade em expressar a profundidade do que sente, compensando isso com emotividade e sensibilidade.

INTROVERTIDO – RACIONAIS – SENTIMENTO

- Subjetiva os sentimentos, distanciando seu sentir do objeto concreto;

- Procura "dominar" o objeto concreto ao buscar inconscientemente impor e realizar neste as imagens que são base de suas verdades. Faz isso buscando por imagens previstas, com valores já definidos, porém que não se encontram na realidade objetiva;

- Atrai-se por objetos que provoquem uma intensidade íntima e profunda;

-Geralmente quietos, pouco sociáveis, melancólicos, se manifestando de forma errática;

- Não brilha, evita aparecer em público;

- Pode se tornar taciturno e de difícil acesso, retraindo-se perante a imponência ameaçadora do objeto, defendendo-se com indiferença;

- Emoções mais intensas e entusiásticas, provindas do objeto, são esfriadas com neutralidade e juízo sentimental de desvalorização e crítica ao mesmo;

- Procura manter uma relação sóbria e controlada com o objeto, bloqueando excessos apaixonados;

- Recebe o objeto concreto de forma pacífica apenas quando este se mantém em uma condição sentimental intermediária e neutra, sem buscar capturar a atenção de seus sentimentos;

- Imagens míticas e arquetípicas primordiais, no que diz respeito aos sentimentos envolvidos, como Deus, liberdade e imortalidade, são importantes para este tipo;

- Como sentimentos são mais difíceis de expressar do que pensamentos, este tipo geralmente é dotado de capacidade de expressão, linguística ou artística extra;

- A incompreensão que geralmente experimenta é um importante argumento para que seja contra uma relação sentimental mais profunda com o objeto;

- Geralmente julga e renega tudo o que é tradicional e aceito pela maioria, desenvolvendo sua própria relação sentimental com o que capta do mundo externo;

- Busca sua identidade no concretismo e na escravização dos fatos por seus conceitos sentimentais emergentes;

- Este tipo é geralmente composto por mulheres.

INTROVERTIDO – IRRACIONAIS (Sensação e Intuição)

- Possui uma capacidade, ou disposição, muito pequena para se expressar ou para externar-se;

- Por isso, é geralmente incompreendido e subestimado;

- Caracteriza-se por sua reserva, discrição, indiferença, impassibilidade, insegurança e inibição injustificada;

- Mesmo que não queira, pode se comportar com certa frieza e de forma rude;

- Pode ser comum viver grandes dificuldades externas, de forma que seja forçado a sair de seu entorpecimento e contemplações internas;

- Possui muito o que ensinar aos que não se deixam conduzir pelos apelos intelectuais externos do momento;

- Pessoas desse tipo podem geralmente se tornar, a seu modo, educadores e fomentadores da cultura, ensinando mais com suas vidas do que com palavras;

- Sente grande dificuldade em lidar com um mundo em que predomina a valorização do objeto externo e consigo mesmo, ao observar que não se enquadra nesse perfil.

INTROVERTIDO – IRRACIONAIS – SENSAÇÃO

- Não lida com juízos racionais. Apenas baseia-se no que acontece, orientando-se realmente pelas impressões subjetivas provocadas pelo objeto;

- O fator decisivo é a realidade do fator subjetivo, os arquétipos que espelham seu mundo psíquico;

- Porém, esse espelhamento lhe traz uma visão de uma consciência anciã de milhares de anos, uma visão da eternidade, que envolve o objeto com heranças antiquíssimas e, simultaneamente, aspectos futuros de uma experiência subjetiva;

- A arte é o exemplo mais visível da atuação do fator subjetivo sobre a percepção;
- Consegue captar mais o pano de fundo do mundo físico do que o que se apresenta na superfície;

- Não há aparentemente uma relação de proporção entre o estímulo do objeto externo e a intensidade da sensação subjetiva resultante experienciada por esse tipo;

- Atua sob um filtro psíquico que atenua e normaliza todo estímulo que for excessivamente intenso. Em contrapartida eleva e acolhe o que possui um estímulo fraco e insuficiente;

- Caso seja um indivíduo benevolente, pode se tornar vítima da agressividade e maldade de outros, retribuindo com intensidade redobrada, geralmente em ocasiões impróprias;

- Percebe-se em um mundo mitológico, como se homens, animais e objetos fossem deuses clementes ou demônios malévolos. Atua como se estivesse lutando com esses poderes;

- Sua intuição reprimida e subjetivada captura aspectos ambíguos, sombrios e perigosos que estão por trás da realidade, vislumbrando impressões de fases anteriores à existência de tal realidade, de aspectos perigosos e destruidores;

- A intuição subjetivada se opõe à sensação, lhe trazendo uma tendência à incredulidade e ao fantástico.

INTROVERTIDO – IRRACIONAIS – INTUIÇÃO

- Atua por meio de uma expectativa ou contemplação, deixando-se permear psiquicamente por objetos inconscientes, subjetivamente gerados por algum fator concreto;

- Retira seu impulso em agir de impressões obtidas de imagens geradas a partir de objetos inconscientes, que por sua vez foram suscitados por um eventual objeto externo;

- A tais imagens percebidas, tende a atribuir valores que permeiam o conjunto de conhecimentos provindos do inconsciente coletivo, ou seja, conhecimentos acumulados pela experiência da humanidade desde o início de sua existência. Esses valores tendem a ser universais e além do tempo;

- Os fatores subjetivos tornam-se uma grandeza decisiva, mais importante do que o próprio objeto;

- O resgate de valores provindos do inconsciente coletivo pode conceder a esse tipo certo grau de vidência;

- Guia-se pelas possibilidades interiores, que são provocadas pelo exterior;

- Fixa-se nas imagens subjetivas geradas pelos fenômenos externos, explorando todas as possibilidades de tais imagens;

- Na busca por novas possibilidades nessas imagens interiores, não lhe importa o bem e o mal, tanto o próprio quanto o alheio. Com isso, termina por destruir o que acabara de construir quando uma nova possibilidade surge;

- Reprime os efeitos neurais e físicos gerados pelos fatores subjetivos, apreendendo e dando foco apenas às imagens, impressões e possibilidades geradas por tais efeitos;

- Como consequência, pode se desconectar das sensações físicas e do efeito de causalidade das impressões percebidas com fator físico;

- Tais imagens e possibilidades subjetivas não se convertem em problemas morais, apenas estéticos. Uma questão de percepção. Assim, apresenta uma moralidade própria, provinda desse mundo imagístico;

- Por terem sua origem arquetípica no inconsciente coletivo, suas visões podem fornecer dados importantes para a compreensão dos acontecimentos gerais da humanidade, incluindo previsões de novas possibilidades;

- Caracteriza-se pelos tipos sonhador e profeta místico, ou fantasista e artista, sendo este último mais normal;

- Se for um artista produtivo, dará forma a suas percepções por meio de coisas extraordinárias, estranhas ao mundo, reluzentes e coloridas, importantes ou banais, sublimes ou grotescas. Se for um fantasista, se contentará com a contemplação, podendo aparentar um tipo desajuizado, um sábio meio louco, ou ainda um gênio incompreendido.

@ / $

OS TIPOS PSICOLÓGICOS E SUA INFLUÊNCIA NA PERCEPÇÃO DE FATORES DE ATRAÇÃO

Como foi dito no início deste livro, pode-se notar que no universo do marketing muito pouco se fala dos estudos psicológicos que Jung desenvolveu sobre o comportamento humano, principalmente os estudos sobre os tipos psicológicos e como influenciam seus processos psíquicos. Creio que, com a explanação anterior e as reflexões que virão a seguir, eu consiga conferir um pouco de justiça ao longo e profundo trabalho feito por Jung e, principalmente, expandir alguns horizontes no que tange à análise de comportamento e à busca de resultados mais certeiros.

Por entender que as características e os modelos de psique dos tipos psicológicos são de muita relevância para o entendimento da percepção humana, busquei identificar a seguir possíveis relações entre esses fatores psicológicos e as teorias já existentes, de forma a criar um tipo de correlação evolutiva com o legado de conhecimentos e princípios que se desenvolveu até os dias atuais.

Como pudemos observar nos estudos de Jung, toda e qualquer percepção humana é mediada pelos processos psíquicos específicos de cada tipo psicológico. Isso inclui desde a percepção de si mesmo e da autoimagem, das coisas com as quais se relaciona, da cultura e sociedade, até do mundo no qual se está inserido. Fica claro, então, que toda percepção é filtrada por esses processos psíquicos, sendo as reações do indivíduo alteradas por esse mecanismo. A Figura 08 abaixo mostra a atuação da influência dos tipos psicológicos no indivíduo.

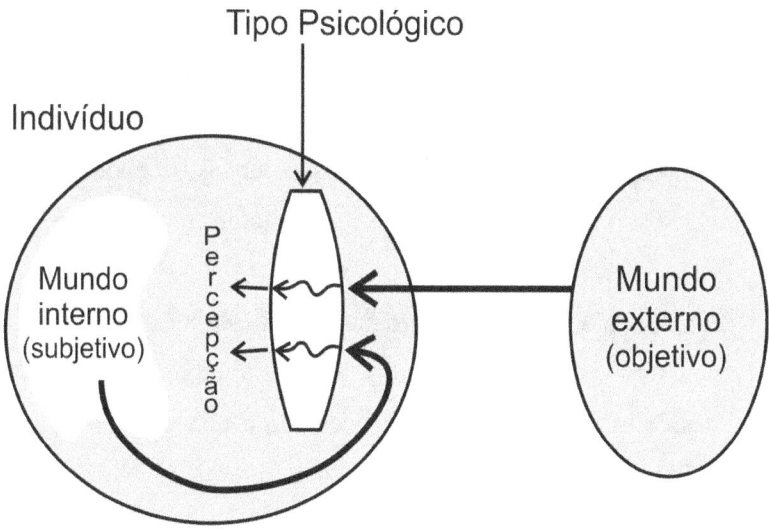

Figura 08: Mediação feita pelas características dos tipos psicológicos sobre os processos perceptivos do indivíduo.

A partir desse conceito, ao direcionar foco às relações do

indivíduo com o mundo exterior, podemos começar a considerar a atratividade que os produtos ou campanhas podem exercer nas pessoas. Nesse contexto, é possível definir os tipos psicológicos como filtros transformadores através dos quais a percepção humana tem contato com a realidade exterior, moldando-a em formas menos ou mais atrativas, de acordo com o resultado da combinação entre essa realidade objetiva e as tendências e predisposições de cada tipo. É evidente que se deve considerar aqui os outros fatores de influência, como, por exemplo, os fatores culturais, sociais e pessoais. Porém, o fator psicológico é mais intrínseco, mais interno, filtrando e transformando inclusive esses outros fatores de influência, fazendo com que eles mesmos se tornem menos ou mais influentes nas transformações que causam na percepção dos produtos.

Por exemplo, um tipo psicológico sentimento introvertido tenderá a renegar os valores gerais aceitos de sua cultura, o que nos diz que valores culturais poderão não exercer muito poder de atração para esse tipo. Os tipos introvertidos, como um todo, tenderão a se considerar discriminados por terem seu foco nas questões mais subjetivas, "pouco produtivas" para o mundo que os cerca, o que pode gerar algum tipo de relação de antagonismo, talvez até de competitividade, perante situações que os forcem a uma valorização maior do externo concreto.

Posso citar ainda o tipo pensamento extrovertido, que seguirá as tendências sociais e culturais que sejam aceitas e aprovadas pela sociedade na qual está inserido, justamente porque uma das maiores características desse tipo é a de desconsiderar suas imagens interiores, suprimindo-as ao inconsciente, compenetrando-se com o objeto externo e tomando para si os valores externamente estabelecidos. A Figura 09 mostra esse processo de transformação da atratividade dos produtos por meio da relação entre os filtros transformadores.

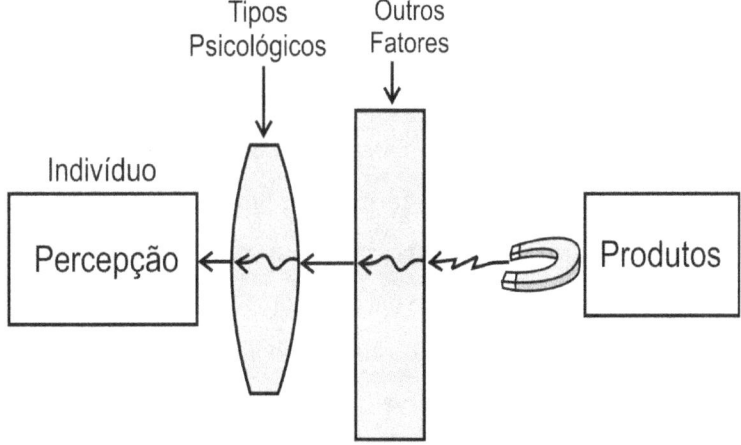

Figura 09: Relação entre a influência dos tipos psicológicos e a influência dos outros fatores na atratividade de produtos e campanhas sobre o indivíduo.

As influências dos fatores culturais, sociais e pessoais sobre a percepção do consumidor e seu comportamento de compra são significativas. Ouso aqui arriscar definir um novo modelo que consiga mostrar a relação entre esses fatores de influência na forma de camadas, onde os fatores das camadas mais internas afetam inclusive a percepção dos fatores das camadas mais externas. Esse novo modelo, que pode ser visto na Figura 10, altera a concepção atual, que não mostra claramente como os filtros mais internos alteram a percepção inclusive dos filtros mais externos.

Um ponto importante para mim é o fato de que fatores como cultura, relações sociais, religião e até fatores pessoais, por mais arraigados que estejam, são externos e, assim sendo, podem ser alterados. Um indivíduo que cresceu em um país com uma cultura específica e possui certas crenças, provenientes desta cultura, pode mais tarde se mudar para outro país com uma cultura muito diferente. Apesar de sentir dificuldades de adaptação a princípio, com o tempo este indivíduo acaba por absorver a nova cultura e integrá-la em seu modo de vida. Fatores sociais e mesmo pessoais também podem ser alterados, pois são todos fatores que estão fora do indivíduo. Porém, o fator psicológico está dentro. Onde quer que o indivíduo esteja ou para onde ele direcione seu olhar, verá e sentirá a realidade que se lhe apresenta através de seus filtros psicológicos.

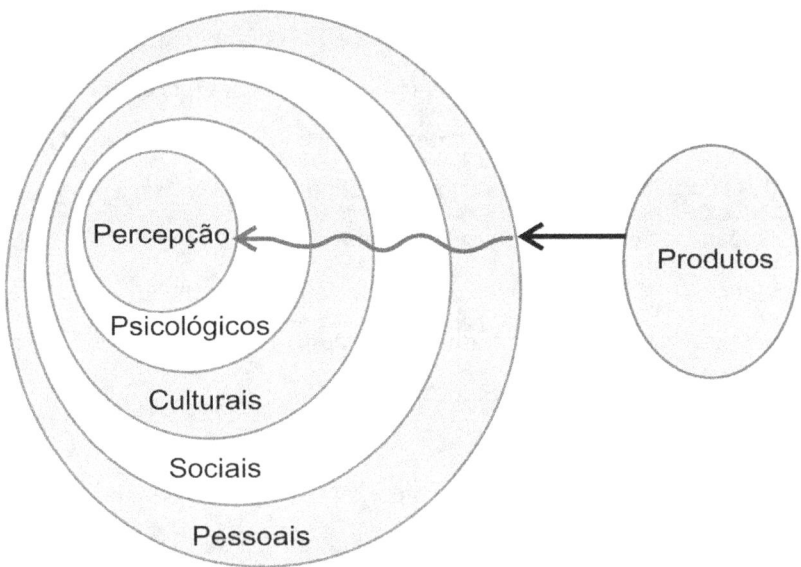

Figura 10: Fatores de influência do comportamento de compra com a relação entre as influências dos fatores mais intrínsecos (internos) e os fatores mais externos, de modo que a percepção dos fatores mais externos é também afetada pelas influências dos fatores mais internos.

Então, vejo os fatores externos como óculos que, apesar de alterarem a visão do indivíduo, podem ser trocados por outros. Porém, o fator psicológico é como o caso da cirurgia para reparar catarata, onde o cristalino, que se situa dentro do globo ocular, é substituído por uma lente artificial. A lente fica implantada interna e permanentemente, não sendo possível trocá-la (sim, talvez outra cirurgia!). Para onde o indivíduo olhar, onde quer que esteja, ele verá através dessa lente. No caso dos tipos psicológicos, talvez com anos de terapia, o indivíduo possa reconhecer seus processos, suas tendências e possíveis razões, conseguindo ressignificar algumas crenças ou compreender e alterar algumas tendências. Poderá aprender a transitar por realidades de outros tipos, porém não deixará de pertencer a seu tipo primordial.

Dentro dessa nova abordagem de análise de comportamento, então, revisitando alguns dos vários fatores de atração do consumidor e como são considerados no contexto dos estudos atuais de marketing, pode-se fazer algumas reflexões, de modo a demonstrar como as características e tendências dos tipos psicológicos podem afetar intrinsecamente cada aspecto observado.

De acordo com os estudos dos tipos psicológicos, é mais adequado considerar os itens "personalidade" e "autoconceito" também como fatores psicológicos, e não como fatores pessoais, pois fica claro nos estudos de Jung como o autoconceito é alterado de acordo com as características dos tipos, principalmente quando se fala dos tipos introvertidos que, ao perceberem intrinsecamente sua posição inferior frente ao objeto externo, lutam para se impor a ele, criando seu mundo de possibilidades e um consequente desprezo pelo objeto. A personalidade, por sua vez, sendo o conjunto resultante de todas as influências psicológicas, não poderia ficar desagregada desse processo todo, que, a seu modo, a modela em cada uma de suas facetas, trazendo dos níveis inconscientes as tendências mais primitivas que são a matéria-prima de sua construção e caracterização. Quanto ao item "crenças", nesse novo contexto, pode apresentar dois aspectos. Um deles corresponde às crenças mais intrínsecas, provindas do inconsciente, como, por exemplo, as crenças subjetivas, derivadas de valores arquetípicos e mitológicos absorvidos principalmente pelos tipos introvertidos, contra as quais pode ser improdutivo tentar alguma afronta, sendo preferível que o produto simplesmente se renda a elas. O outro aspecto é relativo às crenças culturais, externas, que podem até certo ponto ser remodeladas por estratégias de comunicação e campanhas.

Vejamos agora outros dois aspectos geralmente considerados como fatores culturais ou sociais: tendência a valorizar a saúde e acesso à tecnologia. No primeiro caso, é esclarecedor saber que, por exemplo, o tipo extrovertido pensativo tem a grande tendência de suprimir completamente suas necessidades pessoais, inclusive as físicas, das quais inclusive dependem sua saúde, de modo a atender às exigências do contexto externo aceito como "o que deve ser feito" ou como "o comportamento mais adequado". Em contrapartida, o tipo sensação extrovertida provavelmente estará bastante atento às necessidades e sensações de seu corpo, uma vez que uma de suas grandes características é justamente ter sensações e usufruir delas da forma mais intensa possível. Quanto ao acesso à tecnologia, que representa inovação e mudanças rápidas e constantes, pode de antemão assustar os tipos introvertidos, uma vez que objetos novos e insólitos podem provocar-lhes receio e desconfiança, de forma que transformações muito rápidas podem causar-lhes perturbações interiores. Já os tipos extrovertidos, que buscam seus valores no mundo externo, provavelmente se sentirão muito atraídos pelas novidades que estarão sendo adotadas pelos formadores de opinião. O tipo pensamento extrovertido, por sua vez, poderá buscar sem questionar seu acesso à informática, se isso for "o que tem que ser feito" para que se mantenha sua posição aceita e aprovada pela sociedade. Os intuitivos extrovertidos, a cada lançamento de alguma novidade tecnológica, tenderão a se apegar ao mundo de possibilidades que se abrirá na utilização das novas tecnologias e provavelmente sucumbirão às tentações de adquiri-las, mesmo que as abandonem em seguida, em busca das possibilidades de algum outro novo lançamento.

A influência dos grupos de referência, situados atualmente nos fatores sociais, também sofrerá distorções de acordo com os tipos psicológicos. Funcionará muito bem sobre os tipos extrovertidos, principalmente os tipos pensamento, que buscam seus valores próprios na tradição e nas influências externas, e os tipos sentimento, que sentirão que é bom o que for aceito pela vigência geral. Já os tipos introvertidos buscarão a liberdade em relação às influências externas, apesar de ainda assim temerem as reações gerais, tendendo a criar algumas fantasias internas de poder em relação a essas influências. Tais fantasias poderão gerar um distanciamento desses tipos, com uma consequente paralisação frente às influências, ou ainda um repúdio declarado às mesmas.

Talvez comecemos realmente a analisar os resultados das pesquisas de mercado com outros olhos quando apontarmos o foco a algumas características específicas dos tipos, como as que seguem. Os tipos introvertidos têm a tendência de fingir, protegendo-se, provavelmente não conseguindo traduzir para o exterior suas percepções, imagens, pensamentos e sensações. O tipo pensamento tem dificuldade em expressar o que sente. O tipo sentimento poderá pressentir nas perguntas as intenções da pesquisa e dissimular para se proteger. O tipo sensação, tendo dificuldades de compreender a si mesmo, pode apresentar informações que não o definem realmente. Por fim, o tipo intuição, que talvez não saiba discernir entre as imagens interiores, geradas pelas impressões proféticas que a pesquisa lhe causará em relação às suas intenções, e o que realmente pensa objetivamente sobre o assunto questionado, se é que realmente pensa algo prático sobre isso. Como é possível observar, então, em algum momento as respostas desses tipos apresentarão uma grande tendência a não serem confiáveis, o que talvez possa explicar a causa de alguns fracassos de produtos cujas pesquisas apresentaram grande índice de aprovação, ou o contrário, em casos de sucesso, quando as pesquisas apontavam um desinteresse que seria suficiente para abortar o projeto.

Seria possível abordar vários outros fatores de influência considerados atualmente pelos estudos formais de análise de comportamento em marketing, combinando-os com as influências dos tipos psicológicos, de modo a se obter essa nova compreensão das tendências de comportamento de cada tipo diante de cada fator conhecido, ou de se perceber a parcialidade de resultados que cada fator pode apresentar ao não se considerar as influências dos tipos psicológicos de Jung. Porém, analistas de marketing são extremamente perceptivos e inteligentes, então creio que já foi possível realmente compreender as sutilezas das características intrínsecas dos tipos psicológicos e como podem permear o comportamento de seus portadores, criando firmes tendências e reações mais previsíveis. Penso que a partir de agora, uma vez em posse do conhecimento claro das características e tendências de cada tipo psicológico, ao se deparar com algum fator de influência para seu público-alvo, as possibilidades e tendências de comportamento saltarão em sua mente de forma natural, qualquer que seja a situação que se apresente.

Para Aprofundar Estratégias de Abordagem

É evidente que, a partir de agora, novos estudos podem ser feitos com o objetivo de se aprofundar no desenvolvimento de estratégias mais específicas e práticas para abordagem de cada tipo psicológico, ou cada grupo de tipos, considerando-se características específicas. Esses estudos poderão ser apresentados futuramente por meio de outros livros. O objetivo do presente livro é abrir a trilha para a utilização deste conhecimento tão profundo sobre a psicologia humana no árduo trabalho de se compreender melhor os complexos comportamentos com os quais trabalham os profissionais de marketing. Creio que até aqui essa questão tenha sido devidamente apresentada e iluminada à luz da consciência de sua importância.

Considerações

Por fim, arriscando uma visão muito simplificada de todo o contexto do mercado quanto às questões de comportamento do consumidor, com a mesma ousadia de tentar pintar um complexo quadro renascentista com apenas três cores na paleta, talvez se possa apresentar a situação atual da forma a seguir. Como os tipos extrovertidos compenetram-se com o objeto externo e, de uma forma ou de outra, acabam por esvaziarem-se na realidade externa que lhes é objetivamente dada, pode-se concluir que grande parte das teorias atuais de atratividade de produtos acaba por considerar apenas esses tipos específicos. Os tipos introvertidos, por sua vez, por abstraírem-se do objeto externo, defendendo-se sob o manto da desconfiança e da proteção contra o mesmo, tenderão a adotar reações contrárias, ou pelo menos adversas, às reações dos tipos extrovertidos, tornando-se mais imprevisíveis e requerendo mais compreensão por parte dos estrategistas de marketing. É como se o mundo das marcas trabalhasse permanentemente para atender e satisfazer às principais necessidades dos tipos extrovertidos, que se atraem pelas ofertas mais normalizadas e de aceitação geral, enquanto os tipos introvertidos servem-se das poucas possibilidades que lhe restam entre uma oferta e outra, de produtos que satisfaçam a seus anseios impopulares, tendo ainda que lutar contra seus conflitos internos. A pressão interna, gerada por estes conflitos entre o que acabam por concluir que "deveriam" sentir frente a tantas ofertas e o que realmente sentem, acaba por gerar justamente uma reação contrária, o afastamento desse mundo de ofertas popularmente aceito. E isso não é nada bom para os negócios!

Talvez sejam realmente esses fatores psicológicos que, agindo intrinsecamente nos meandros da mente humana, estejam confinando as grandes tendências do comportamento do consumidor justamente na categoria de "tendências", nas quais não tem sido recomendável apostar todas as fichas.

Considerando-se a situação dessa parcela de consumidores representados pelos tipos introvertidos, que não é pequena (conforme é possível observar nas tabelas mais à frente) e não se limita a faixas etárias, sexo ou classes sociais, como salienta Jung, pode-se dar início a um universo novo de estudos com o objetivo de compreender e atender aos anseios produzidos pelo mundo interior desses tipos, até então deixados meio à deriva por estrategistas de marketing, de modo que se possa criar uma realidade onde haja ofertas que se encaixem melhor em seus padrões de percepção. A partir daí, é possível que se produzam campanhas mais eficazes, que atinjam o alvo mais certeiramente, em que menos investimentos sejam desperdiçados e onde menores riscos possam ser traduzidos em menores preços e, de fato, mais conversões em vendas.

@ / $

MAS AFINAL COMO IDENIFICAR OS TIPOS PSICOLÓGICOS?

COMO ESTÃO DISTRIBUÍDOS NA POPULAÇÃO?

Neste momento, uma vez conhecidas todas as características, percepções, tendências e nuances dos tipos psicológicos, o próximo passo é saber como identificar a distribuição dos mesmos em nosso público-alvo. Assim, será possível traçar um perfil o mais aproximado possível das suas percepções, desejos ocultos e tendências, possibilitando o desenvolvimento de estratégias mais adequadas e maior possibilidade de se tornar o "número 1" na mente de nossos consumidores...

ou, pelo menos, de aumentar seu índice de fidelização, o que já é um ótimo resultado.

Com base nas características dos tipos psicológicos de Jung, foram desenvolvidos, ao longo do tempo, alguns questionários conhecidos como "testes de tipologia de Jung" que, após análise por algum psicólogo capacitado, podem identificar os tipos predominantes em cada indivíduo. Como já vimos em nossos estudos que alguns tipos têm certa dificuldade de identificar seus próprios sentimentos, é importante que um psicólogo habilitado no assunto proceda a análise das respostas, pois o próprio conflito entre respostas pode identificar tendências que revelam o tipo. Como já se pode suspeitar, a melhor maneira de se avaliar características psicológicas de indivíduos é por meio de consultas individuais e presenciais com um psicólogo capacitado no assunto. Este processo é requerido em casos de tratamentos psicológicos em que há a necessidade do próprio indivíduo lidar com suas potencialidades e pontos fracos, buscando uma vida melhor, ou ainda em casos de algum tipo de orientação individual demandada, onde o indivíduo é conduzido a lidar com suas características, de modo a aprimorar seu desempenho em alguma empresa, por exemplo. Contudo, conforme as orientações dos próprios sistemas de avaliação de tipos psicológicos junguianos existentes atualmente, o preenchimento dos questionários avaliativos pode ser feito remotamente pelo próprio indivíduo, desde que um psicólogo capacitado faça a análise e classificação das respostas. Para o nosso caso, a aplicação presencial ou remota de um dos questionários, individualmente ou em grupo, seguida da análise de um psicólogo competente, também será suficiente para estabelecer um perfil da amostra a ser utilizada. Para facilitar nosso trabalho, sabe-se que tais questionários avaliativos estão disponíveis para todos, por meio de livros, documentos para download na internet e até sites que apresentam uma avaliação automática com base nas respostas fornecidas ao questionário. Como não cabe aqui o julgamento de nenhuma técnica ou procedimento, ficará a critério de cada um a escolha do questionário mais adequado e a forma de realizar a avaliação, dependendo da necessidade de precisão em cada caso.

Há de se dizer que tais testes têm sido utilizados atualmente por empresas para fins de seleção e contratação de indivíduos, tanto quanto para identificação de pontos fracos e potencialidades de equipes, de forma a contratar pessoas mais adequadas para cargos específicos e alocar indivíduos ou equipes em posições com maior potencial de desenvolvimento e performance. Porém, até onde observei em minhas pesquisas, não se tem utilizado tais conhecimentos e métodos para avaliação de perfis de consumo e elaboração de estratégias de vendas.

Os testes de tipos psicológicos de Jung conhecidos atualmente foram desenvolvidos por psicólogos diversos, que se basearam nos conceitos e concepções da psicologia junguiana, criando métricas de avaliação. Abaixo seguem alguns dos testes disponíveis atualmente:

- *Myers-Briggs Type Indicator* – MBTI;

- *HumanMetrics Jung Typology Test* – JJT;

- *TypeFinder Personality Test;*

- Jung Typology Profiler for the Workplace;

- Questionário de Avaliação Tipológica – QUATI.

Atualmente, o sistema de avaliação mais utilizado para identificação dos tipos psicológicos junguianos é o MBTI, desenvolvido pela psicóloga Isabel Briggs-Myers em 1980. Em sua forma de análise, a autora acrescentou aos conceitos junguianos um novo elemento: a dicotomia **julgamento/percepção**. Esta dicotomia acrescenta mais oito variações, ou detalhamentos, aos oito tipos estabelecidos por Jung, resultando em 16 tipos psicológicos distintos. Ao analisar os outros testes existentes atualmente, observei que todos têm como base a classificação definida pelo sistema MBTI, variando a forma de análise e seus objetivos específicos. Assim, será produtivo conhecermos o sistema de classificação estabelecido por este último. O sistema MBTI estabelece a seguinte classificação de tipos, identificados por uma sigla de quatro letras correspondentes:

ESTJ – Extrovertido Sensitivo Pensamento Julgamento

ESTP – Extrovertido Sensitivo Pensamento Percepção

ESFJ – Extrovertido Sensitivo Sentimento Julgamento

ESFP – Extrovertido Sensitivo Sentimento Percepção

ENTJ – Extrovertido Intuitivo Pensamento Julgamento

ENTP – Extrovertido Intuitivo Pensamento Percepção

ENFJ – Extrovertido Intuitivo Sentimento Julgamento

ENFP – Extrovertido Intuitivo Sentimento Percepção

ISTJ – Introvertido Sensitivo Pensamento Julgamento

ISTP – Introvertido Sensitivo Pensamento Percepção

ISFJ – Introvertido Sensitivo Sentimento Julgamento

ISFP – Introvertido Sensitivo Sentimento Percepção

INTJ – Introvertido Intuitivo Pensamento Julgamento

INTP – Introvertido Intuitivo Pensamento Percepção

INFJ – Introvertido Intuitivo Sentimento Julgamento

INFP – Introvertido Intuitivo Sentimento Percepção.

As siglas referem-se às palavras em inglês, com algumas variações que diferenciam palavras que começam com a mesma letra:

(I) Introvertido = Introverted

(E) Extrovertido = Extroverted

(S) Sensação = Sensing

(N) Intuitivo = iNtuitive

(T) Pensamento = Thinking

(F) Sentimento = Feeling

(J) Julgamento = Judging

(P) Percepção = Perceiving.

O questionário apresenta afirmações a respeito de preferências e questões pessoais, situações cotidianas em ambientes sociais e de trabalho, entre outros. O avaliado registra seu nível de concordância ou discordância com cada afirmação. O conjunto de respostas é analisado e resulta em um dos perfis MBTI estabelecidos.

Então, a essa altura da explanação, você pode estar se perguntando: "Se já há vários sistemas de avaliação de tipos psicológicos junguianos, por que não utilizá-los para desenvolver minhas estratégias de marketing?"

Em primeiro lugar, os perfis descritos no sistema MBTI, e em outros sistemas baseados no MBTI, apresentam como resposta características voltadas para a forma como cada um de seus tipos atua no mundo sob o ponto de vista mais externo, das ações, comportamentos e até sentimentos mais palpáveis. Estas avaliações têm sido mais proveitosas para a análise de comportamento de atuação em ambientes de trabalho, com o objetivo de avaliar perfis específicos para determinados tipos de atividades e características relevantes para a convivência em grupo. Nessa abordagem, não são apresentados os profundos processos que modelam a formação dos vários tipos de perfil, assim como apresentou Jung em sua análise original. Resgatando nossa analogia da formação da bolha no fundo do oceano (ou do subconsciente), é como se a análise fosse apresentada a partir do último metro de profundidade do oceano antes da bolha atingir a superfície. Neste ponto, ela já está formada, definida e seguindo seu caminho natural. Não é possível conhecer os elementos primordiais que sustentam sua formação ou saber como influenciar seu trajeto e velocidade para que atinja a superfície de uma forma mais favorável a nosso barquinho. Um pouco diferente dessa abordagem, o que aprendemos neste livro é justamente mergulhar mais profundamente nos processos de formação das necessidades e desejos, chegando o mais próximo possível de onde a bolha realmente se forma, com o objetivo de conhecer os processos através dos quais ela é formada, ou como são geradas as necessidades e os desejos no tipo psicológico que estamos analisando e quais as abordagens mais sutis que podemos adotar para que possamos nos apresentar de forma mais aderente e positiva a ele no que diz respeito à sua percepção do que temos a oferecer. Em outras palavras, em nossa missão, estamos buscando pelos anseios e desejos intrínsecos e ocultos, como e por que são formados nos níveis inconscientes do indivíduo, buscando apresentar respostas e soluções para necessidades que nem mesmo ele sabia possuir.

Em segundo lugar, Jung, em sua vasta experiência pessoal, fruto de uma vida atuando na avaliação e tratamento de casos reais de desequilíbrios psicológicos, observou e definiu originalmente apenas oito tipos psicológicos predominantes. Enquanto os sistemas de avaliação baseados no sistema MBTI consideram dezesseis tipos característicos. Assim, podemos concluir que, de forma geral, cada tipo psicológico definido por Jung engloba dois tipos do sistema MBTI, provavelmente com características similares e alguns detalhamentos mais específicos. Em nossa condição como profissionais de marketing, sabemos dos altos custos envolvidos nos processos de análise e desenvolvimento, tanto de projetos e produtos quanto de campanhas de marketing. Logo, sabemos também o significado e o valor da expressão "menos é mais", situação onde seja possível atingir a maior porção do nosso público-alvo com o menor esforço e custo possíveis. Tendo isso em mente, penso fazer mais sentido utilizar uma abordagem e sistema de análise onde a segmentação seja menor, sem que se perca a qualidade e eficiência das análises.

Convertendo os Tipos MBTI nos Tipos de Jung

Assim, como os questionários existentes trabalham com sistemas baseados no MBTI, será necessário efetuarmos a conversão dos tipos psicológicos MBTI para os tipos psicológicos criados originalmente por Jung. Felizmente, há muito material disponível, tanto em livros quanto em sites, que nos apresenta uma tabela de conversão. Contudo, para que não seja necessário este trabalho, segue abaixo uma tabela de conversão, que apresento aqui após pesquisar alguns dos materiais disponíveis. Dessa forma, basta reunir os tipos resultantes de qualquer um dos questionários baseados no sistema MBTI e convertê-los para os tipos psicológicos junguianos, reduzindo a quantidade de tipos/segmentos para oito, com base nos quais se poderá realizar o planejamento das estratégias e abordagens mais adequadas.

Tipo MBTI	Tipo junguiano	(disp. complementares)
ESTJ	Extrovertido Pensamento	(sensação/julgamento)
ENTJ	Extrovertido Pensamento	(intuição/julgamento)
ESFJ	Extrovertido Sentimento	(sensação/julgamento)
ENFJ	Extrovertido Sentimento	(intuição/julgamento)
ESTP	Extrovertido Sensação	(pensamento/percepção)
ESFP	Extrovertido Sensação	(sentimento/percepção)
ENTP	Extrovertido Intuição	(pensamento/percepção)
ENFP	Extrovertido Intuição	(sentimento/percepção)
ISTP	Introvertido Pensamento	(sensação/percepção)
INTP	Introvertido Pensamento	(intuição/percepção)
ISFP	Introvertido Sentimento	(sensação/percepção)
INFP	Introvertido Sentimento	(intuição/percepção)
ISTJ	Introvertido Sensação	(pensamento/julgamento)
ISFJ	Introvertido Sensação	(sentimento/julgamento)
INTJ	Introvertido Intuição	(pensamento/julgamento)
INFJ	Introvertido Intuição	(sentimento/julgamento)

Como podemos observar, a diferença entre as duas abordagens, além da inclusão das funções "julgamento" e "percepção" pelo sistema MBTI, está no detalhamento das disposições complementares. O sistema MBTI considera mais explicitamente as disposições complementares para cada tipo: pensamento, sentimento, sensação e intuição. As funções "julgamento" e "percepção" se agregam às quatro disposições complementares, compondo as características de cada tipo do sistema MBTI. Se tomarmos como exemplo os tipos ISTP e INTP, poderemos observar que ambos correspondem ao tipo Introvertido Pensamento de Jung, porém o sistema MBTI considera a disposição complementar "sensação" do tipo ISTP e a disposição complementar "intuição" do tipo INTP, tendo ainda, em ambos, a "percepção" como função complementar predominante.

Em outras palavras, é uma abordagem mais detalhada da predominância da disposição complementar de cada tipo, considerando também as funções complementares julgamento e percepção. Jung cita as disposições complementares, que não deixam de existir em suas análises, porém, segundo ele, não são as disposições utilizadas pela psique para a tomada de decisões e ações. Logo, não terão uma influência relevante nos processos de decisão para nossas análises de comportamento de consumo.

Entendido isso, podemos abstrair o detalhamento da alternância das disposições complementares de cada tipo e utilizar a tabela simplificada abaixo:

MBTI	Tipos de Jung
ESTJ	Extrovertido Pensamento
ENTJ	
ESFJ	Extrovertido Sentimento
ENFJ	
ESTP	Extrovertido Sensação
ESFP	
ENTP	Extrovertido Intuição
ENFP	

MBTI	Tipos de Jung
ISTP	Introvertido Pensamento
INTP	
ISFP	Introvertido Sentimento
INFP	
ISTJ	Introvertido Sensação
ISFJ	
INTJ	Introvertido Intuição
INFJ	

Figuras 11 e 12: Conversão dos tipos do sistema MBTI para os tipos psicológicos junguianos.

Porcentagem dos Tipos Psicológicos nas Populações

Finalmente, para concluirmos nossa jornada de construção de uma nova visão e abordagem a nossos públicos-alvo, é oportuno conhecer como os tipos psicológicos junguianos se encontram distribuídos nas populações. Esse conhecimento pode nos ajudar a avaliar a necessidade de considerar estratégias mais adequadas para nosso caso específico, como ampliação ou restrição de foco, melhores caminhos para fidelização de segmentos e subsegmentos, qualidade da abordagem ou conjunto de abordagens, entre outros aspectos que apresentem uma relação significativa com essas diferenças de comportamento e sua representatividade em nosso público. Após a conclusão deste capítulo, estaremos prontos para partir para a prática e colocar a mão na massa... ou nas pesquisas.

Durante o desenvolvimento deste trabalho, conforme cada conhecimento se desvendava à minha frente, me senti permeado por certa empolgação e expectativa ao observar como novas perspectivas e possibilidades de abordagem começavam a se desenhar naturalmente diante de meus olhos "marketeiros" internos. Não utilizo o termo "marketeiro" aqui com tom depreciativo, mas sim com um sentimento de missão a ser cumprida, como os "mosqueteiros", que utilizavam todas suas habilidades com a missão de defender e proteger o rei. Da mesma forma, espero que esse sentimento possa ter surgido e permeado sua mente, caro leitor!

Os números a seguir foram extraídos do livro "MBTI Manual – A

Guide to the Development and Use of", escrito pela própria criadora do sistema MBTI, Isabel Briggs Myers, juntamente com mais três autores, e publicado pela Consulting Psychologists Press, Inc. – CPP.

Distribuição dos Tipos - População Geral

TIPO	%	TIPO	%
ISFJ	13,8	INFP	4,4
ESFJ	12,3	ESTP	4,3
ISTJ	11,6	INTP	3,3
ISFP	8,8	ENTP	3,2
ESTJ	8,7	ENFJ	2,5
ESFP	8,5	INTJ	2,1
ENFP	8,1	ENTJ	1,8
ISTP	5,4	INFJ	1,5

Distribuição dos Tipos - População Masculina

TIPO	%	TIPO	%
ISTJ	16,4	ESTP	5,6
ESTJ	11,2	INTP	4,8
ISTP	8,5	INFP	4,1
ISFJ	8,1	ENTP	4,0
ISFP	7,6	INTJ	3,3

ESFJ	7,5	ENTJ	2,7
ESFP	6,9	ENFJ	1,6
ENFP	6,4	INFJ	1,2

Distribuição dos Tipos - População Feminina

TIPO	%	TIPO	%
ISFJ	19,4	ENFJ	3,3
ESFJ	16,9	ESTP	3,0
ESFP	10,1	ENTP	2,4
ISFP	9,9	ISTP	2,3
ENFP	9,7	INTP	1,7
ISTJ	6,9	INFJ	1,6
ESTJ	6,3	INTJ	0,9
INFP	4,6	ENTJ	0,9

Fonte: "MBTI Manual, publicado pela Editora CCP.

A partir dos números acima, é possível observar que a parcela dos tipos introvertidos na população em geral é muito significativa, o que pode confirmar a possibilidade de que as abordagens adotadas para campanhas de marketing, posicionamentos de empresas e produtos podem estar deixando de atender plenamente a esse grande público. Logo, deixando de ser tão atraentes quanto poderiam.

Creio ser importante também acrescentar que, apesar de se poder utilizar como referência os números apresentados aqui, cada um de nós se encontrará em situações específicas, com públicos-alvo específicos. Dessa forma, vejo a importância de conhecermos melhor nosso público, dentro de nosso contexto, por meio da elaboração de nossas próprias pesquisas.

@ / $

CONCLUSÃO

E com isso, finalizamos nossa jornada de trazer ao universo do marketing essa nova abordagem de avaliação de públicos-alvo e aprofundamento nos comportamentos, necessidades e desejos ocultos dos indivíduos que compõem esses públicos. Espero que os estudos tenham sido produtivos e que, doravante, suas análises possam se tornar cada vez melhores!

Boa sorte e bons negócios!

@ / $

NOTA

Antes que se questione sobre os símbolos *"@ / $"* utilizados ao final de cada capítulo, esclareço:

@ - por meio deste símbolo, represento de forma livre o cérebro humano acomodado dentro de uma cabeça, apontando o desenvolvimento e aprimoramento do conhecimento.

/ - utilizo a barra, uma linha ascendente, representando o movimento de ascensão e crescimento.

$ - por fim, faço uso do símbolo do valor financeiro, representando a conversão destes conhecimentos em aumento de vendas, logo em aumento das receitas.

Assim, com a sequência "@ / $" criei minha frase gráfica equivalente à afirmativa "o desenvolvimento e aprimoramento do conhecimento em prol do crescimento nas vendas/receitas".

Esta é uma forma de homenagear o árduo trabalho dos profissionais de marketing em se projetar nas tentativas de desvendar os desejos latentes e ocultos de seus públicos tão diversos. Receba esta homenagem!

@ / $

SOBRE O AUTOR

A multidisciplinaridade sempre permeou a vida do autor. Desde a infância demonstrou interesse em artes, como artes visuais e música. Mais tarde cursou faculdade de Tecnólogo em Processamentos de Dados, chegando a quase se formar. Vislumbrando sempre novas possibilidades de conhecimento, acabou optando por se graduar em design gráfico, onde pôde se utilizar de suas afinidades entre arte e tecnologia. Posteriormente se especializou em planejamento estratégico de marketing, cursando MBA na Fundação Getúlio Vargas de Brasília.

Enquanto tudo isso acontecia, trabalhou no Banco do Brasil por 35 anos como funcionário concursado. Tais conhecimentos lhe proporcionaram atuar tanto nas áreas de tecnologia, quanto de marketing e design, dentre as diversas diretorias do banco.

E para complementar seu universo de conhecimentos, devido a necessidades psicológicas latentes, por oito anos se tratou com uma terapeuta junguiana, o que lhe proporcionou uma grande mudança em sua vida. Devido a estes visíveis efeitos benéficos, passou a estudar informalmente os fundamentos da psicologia junguiana, de forma a poder aplicar tais conhecimentos em prol de sua própria relação com a vida. Porém, foi na escolha da tese de monografia de seu MBA que surgiu a ideia, e oportunidade, de criar um novo conhecimento, derivado da interdisciplinaridade entre o marketing e a psicologia junguiana. Naquela ocasião foi orientado pela incrível professora e doutora em psicologia Luciana Mourão.

Ao entregar seu trabalho final para conclusão do curso, tendo recebido nota máxima, não lhe tardou a ter a ideia de aprofundar suas pesquisas e transformar aqueles novos conhecimentos em um livro prático, de modo a poder contribuir de alguma forma para a evolução do universo do marketing, que tanto estima.

Atualmente acrescentou a esse molho de conhecimentos, estudos e prática de composição e produção musical, onde pode também expressar os conhecimentos de psicologia na elaboração de letras que tragam alguma mensagem significativa para seus ouvintes.
Obs: caso o leitor se interesse, pode conferir essa nova aventura no Spotify, nas páginas do autor "Roger Sadriani" e "Rogers Adriani", ou em seu canal no Youtube "www.youtube.com/rogersadriani".

@ / $

BIBLIOGRAFIA

KOTLER, Philip & KELLER, Kevin L. **Administração de Marketing**. 15a ed. São Paulo SP: Pearson, 2019. KOTLER, Philip & KELLER, Kevin L. **Administração de Marketing**. 14a ed. São Paulo SP: Pearson, 2012.

LAS CASAS, Alexandre Luzzi. **Administração de Marketing**. São Paulo SP: Atlas S.A., 2006. IRIGARAY, Hélio A. et al. **Gestão e Desenvolvimento de Produtos e Marcas**. 1a Ed. Rio de Janeiro: Editora FGV, 2004.

BAXTER, Mike. **Projeto de produto – guia prático para o desenvolvimento de novos produtos**. 2a Ed. São Paulo: Ed. Blücher, 1998.

SEMENICK, Richard J. & Bambossy, Gary J. **Princípios de Marketing: uma perspeciva global**, São Paulo: Makron, 1995.

MASLOW, Abraham M. **Motivação e Personalidade**, New York: Harper & Row Publishers, Inc., 1970.

GOMES FILHO, João. **Gestalt do objeto – Sistema de leitura visual da forma**. São Paulo: Escrituras Editora, 2003.

Site MUNDO CARREIRA. **Conheça a história de Joy Mangano, a empresária milionária que ganhou as telas de cinema.** 2016. Disponível em: <http://mundocarreira.com.br/empreendedores/conheca-a-historia-de- joy-mangano-a-empresaria-milionaria-que-ganhou-as-telas-de-cinema/>, Acesso em 13 Jun. 2023.

COOPER, Robert G. & KLEINSCHMIDT, E. J. **New Products: The Factors that Drive Success**. International Marketing Review. 2019. Research Gate. Disponível em: <https://www.researchgate.net/publication/235252208>. Acesso em 15 mai. 2023.

KLEINSCHMIDT & COOPER, Robert G. **The Impact of Product Innovativeness on Performance**. Journal of Product Innovation Management. 1991. Disponível em: <https://www.researchgate.net/publication/222364899_The_Impact_of_Product_Innovativeness_on>, Acesso em 22 jun. 2023.

SOLOMON, M. **Comportamento do Consumidor**. 11a ed. Porto Alegre: Bookman, 2016.

BAKER, Michael J. **Administração de Marketing**. 5a ed. Rio de Janeiro RJ: Campus 2005.

KOCK, Richard. **O princípio 80/20**. 1a ed. Gutenberg, 2015. Disponível em: <www.everand.com>. Acesso em 05 jun, 2023.

FERNANDES, Maria G. & SILVA, Izabela S. **Insights Sobre Neuromarketing e Neurociência**. Maceió: Hawking, 2021.

MACHADO, A. B. M.; HAERTEL, L. M. **Neuroanatomia funcional**. 3a ed. São Paulo: Ed. Atheneu, 2013. BRIDGER, Darren. **Neurociência**. 1a ed. São Paulo: Autêntica Business, 2018.

AUMONT, Jacques. **A imagem**. 5a ed. Campinas SP: Papirus, 1993. LENT, Roberto. **O cérebro Aprendiz – Neuroplasticidade e Educação**. 1a ed. Ribeirão Preto SP: Atheneu, 2018.

CHICO, Angélica. **Neuroplasticidade, o que é e sua importância para a neuroeducação**. Centro Universitário São Camilo. São Paulo: 2020. Disponível em: <https://www.posead.saocamilo.br/neuroplasticidade-o-que-e-e-qual-a-sua-importancia-para-a- neuroeducacao/noticia/112>. Acesso em

02 Ago. 2023.

ZALTMAN, G. **Afinal, o que os clientes querem**. Rio de Janeiro RJ: Campus, 2003.

HALL, Calvin S. & NORDBI, Vernon J. **Introdução à Psicologia Junguiana**. 2a ed. São Paulo: Cultrix, 2021.

GUIMARÃES, Carlos A.F. **Jung e a psicologia analítica**. Psicologia e Filosofia. Disponível em: <http://an.locaweb.com.br/Webindependente/psicologia/psicologoselinhas/jungpsicologiaanalitica.htm>. Acesso em 15 jul. 2023.

GUIMARÃES, Carlos A. F. **Jung e os Fenômenos Psíquicos**. 2a ed. Limeira SP: Editora Do Conhecimento, 2021.

JUNG, Carl G. **Psicologia do Inconsciente**. 2a ed. Petrópolis RJ: Vozes, 1971. JUNG, C.G. **Tipos Psicológicos**. 2a. ed. Rio de Janeiro RJ: Zahar, 1974.

JUNG, Carl G. C.G. **Jung Obra Completa – 6 Tipos Psicológicos**. 1a ed. Petrópolis RJ: Vozes, 2015. SHARP, Daryl. **Tipos de Personalidade**. 2a ed. São Paulo: Cultrix, 2021.

ZACHARIAS, José J. M. **QUATI – Questionário de Avaliação Psicológica – Versão II - Manual**. São Paulo SP: Vetor, 2003.

MAYERS, I. B. et al. **MBTI Manual – A guide to the Development and Use of**. 3a ed. Palo Alto CA: CPP – Consulting Psychologists Press, 2003.

LUÍS, A. D. **Tipos Psicológicos de Jung e Myers-Briggs (MBTI): um enfoque gerencial**. 1a ed. Novas Edições Acadêmicas: 2015.

@ / $

www.ingramcontent.com/pod-product-compliance
Lightning Source LLC
Chambersburg PA
CBHW052241220526
45471CB00001B/134